AF461993

EXAMEN

DES PRINCIPES

DE LA MORALE SOCIALE.

EXAMEN DES PRINCIPES

DE LA

MORALE SOCIALE

PAR ALPH. AULARD

PROFESSEUR DE LOGIQUE AU LYCÉE DE TOURS

PARIS

LIBRAIRIE DE L. HACHETTE ET Cie,

RUE PIERRE-SARRAZIN, N° 14

(Près de l'École de Médecine.)

1853.

A M. Désiré NISARD,

MEMBRE DE L'ACADÉMIE FRANÇAISE,

Hommage de mon respectueux dévouement.

EXAMEN
DES PRINCIPES
DE LA MORALE SOCIALE.

Usus virtutis est maximus, civitatis gubernatio.

Cic., *de Rep.* I. 2.

CHAPITRE Ier.

Introduction.

On peut résumer en deux mots les services et la gloire de la philosophie française, pendant la première moitié du XIXe siècle : elle a réfuté d'une manière définitive la doctrine sensualiste, déjà sérieusement ébranlée par Leibnitz, Reid et les Écossais ; elle a, par de nombreux et remarquables travaux sur l'histoire de la pensée humaine, démontré qu'il y a une méthode vraie, féconde, accessible à tous ; que cette méthode, enseignée autrefois par Socrate, et par Bacon et Descartes dans les temps modernes, est la seule qui conduise à la vérité; et que c'est à la pratique ou à la non-observance de cette méthode qu'il faut attribuer les progrès ou les retardements de la science.

Quelques hommes doués d'un admirable sens critique ont mis en lumière et hors de contestation ces deux points importants. Les défenseurs du sensualisme sont convertis ou réduits au silence; et la méthode qui fait une juste part à l'expérience et à la raison est, sinon universellement pratiquée, du moins universellement admise.

Cette réforme a été populaire. L'opinion publique a prêté main-forte aux philosophes contemporains. Elle les a compris, elle a recueilli leurs paroles, elle a applaudi à leurs succès et salué leur victoire comme une victoire nationale. Par la réfutation définitive de Locke et de son école, la France a triomphé de cette grande rivale qu'elle retrouve sur tous les champs de bataille et qui lui disputait le pacifique empire des idées.

Cependant, il ne faut pas se dissimuler qu'il s'est opéré, depuis quelques années, une profonde transformation dans les esprits. Peu à peu l'enthousiasme s'est refroidi, on s'est éloigné de la philosophie et des philosophes; à l'admiration ardente et passionnée a succédé je ne sais quel sentiment froid que je voudrais appeler une sympathie respectueuse, mais que la vérité me force de nommer de son véritable nom : l'intérêt qui s'attachait aux travaux et aux hommes a fait place à l'indifférence. Le public ne suit plus les cours (sauf de rares et honorables exceptions), et ne lit guère les livres de nos professeurs; on dirait même, tant il se montre dédaigneux, qu'il rougit de les avoir trop admirés.

D'où provient ce changement? comment expliquer ce délaissement de la plus noble des sciences? qui accuserons-nous, le public ou les philosophes? notre génération serait-elle moins élevée, moins capable de comprendre les grandes choses que celle qui l'a précédée? ou doit-on penser que les disciples qui tiennent aujourd'hui le drapeau de la philosophie française sont indignes de leurs illustres maîtres ?

Nous répondrons franchement : aucune de ces hypothèses n'est vraie. Non, l'esprit national n'a pas changé, le goût du beau et du vrai n'est ni perdu ni altéré ; et l'indifférence que l'on montre pour la philosophie n'est point la marque d'un coupable mépris pour les hommes de talent qui la représentent, ou d'une lassitude honteuse. Ce refroidissement si marqué et si général prouve seulement que la philosophie et les philosophes font fausse route.

Tant qu'il a été nécessaire de combattre le dangereux système de Hobbes et d'Helvétius, et de mettre à nu l'absurdité de ses principes ou l'immoralité de ses conséquences ; tant qu'il a été nécessaire d'opposer la raison à l'empirisme, l'observation à l'hypothèse, et de fonder la critique sur les monuments mêmes de la philosophie ancienne ou moderne ; tant qu'il a paru nécessaire d'étudier, d'expliquer, de commenter le passé, les esprits ont été dociles, attentifs, patients, et l'on pourrait ajouter que leur patience a été fortement éprouvée.

Mais, à la fin, ils se sont lassés de cette revue rétrospective indéfiniment prolongée. Il leur a semblé qu'il était temps de mettre un terme aux exégèses, aux commentaires et aux traductions, ou du moins de ne pas s'y borner, et qu'ils étaient suffisamment préparés pour des études plus pratiques et ayant un rapport plus étroit avec la vie réelle; et voyant qu'on persistait dans ces études où l'érudition l'emporte même sur la spéculation, ils se sont retirés.

Voilà, selon moi, la véritable raison du discrédit dans lequel la philosophie est tombée. Cette raison explique, en outre, le succès des utopistes. Les hommes inquiets et avides de croyances, ne trouvant rien dans l'école qui répondît aux besoins du moment, ont cherché des maîtres hors de l'école. Et pendant que dans nos chaires publiques on dissertait longuement sur la métaphysique des Éléates ou sur le panthéisme allemand, pendant qu'on écrivait de beaux et savants mémoires sur les langues sémitiques ou sur le nominalisme, des penseurs vulgaires, mais habiles à exploiter les préoccupations de leurs contemporains, ont dogmatisé sur les questions morales et sociales, et exercé une profonde et terrible influence.

O philosophes! n'est-ce pas vous qui avez fait le succès des sophistes ? n'avez-vous pas, vous qui leur avez laissé usurper votre place, à partager, en quelque sorte, la responsabilité de leurs doctrines ? avez-vous gouverné les âmes comme vous deviez les gouverner ? n'étiez-vous pas à Athènes ou à Alexandrie, lorsqu'il fallait être à Paris? Quand on vous consultait sur l'organisation sociale, pourquoi parliez-vous des hypostases de Plotin ou des analytiques d'Aristote ? Et vous êtes surpris que la jeunesse vous ait abandonnés ? que la foule ait recherché d'autres guides ?

« Si la philosophie, dit un écrivain distingué, désertant la tâche que les circonstances lui imposent, et qui est, il faut le dire, le véritable but de son existence, n'exerce aucune influence sur la vie réelle, ou ne montre aucun intérêt pour les grandes questions de l'ordre social, la société, naturellement, je dirai même nécessairement, se tournera contre elle [1]. »

Il est donc urgent que la philosophie revienne à son objet, qui est l'étude de l'homme considéré comme être moral et dans ses rapports avec ses semblables et Dieu. Il faut qu'elle descende jusques à la vie réelle pour l'élever et l'améliorer, de concert avec la religion.

Que les cours, les thèses, les examens, même les plus humbles, portent l'empreinte de cet esprit pratique, de cette préoccupation morale qui n'est pas particulière à notre époque, comme on feint de le croire, et au-devant de laquelle il aurait mieux valu aller que de paraître céder à l'entraînement général, et la philosophie retrouvera sa popularité, sa gloire et son influence.

L'excursion historique a été utile, qui en doute? mais est-ce un motif pour qu'il faille s'y renfermer? la critique est bonne, mais est-ce un motif pour

(1) FRANCK, *sur les devoirs de la philosophie*, introduction, p. 35-36.

ne pas s'avancer au delà ? à quoi sert que le champ soit purgé des mauvaises herbes, s'il doit rester stérile ?

CHAPITRE II.

Idée générale de ce travail.

Par les considérations qui précèdent, j'ai déjà indiqué au lecteur l'origine et le but de cet essai.

Je veux chercher, abstraction faite des systèmes et des passions politiques, quels sont les fondements de la société et par conséquent de la morale sociale. Mon ambition n'est pas de mettre en avant des idées nouvelles ou d'inventer des paradoxes ingénieux, mais d'exprimer des idées vraies et accessibles à tous.

Si la plupart des hommes s'égarent en des théories aventureuses ou se laissent séduire par de folles utopies, c'est qu'ils méconnaissent la nature.

les lois et les rapports des choses ; c'est qu'ils n'ont pas de principes arrêtés, au moyen desquels ils puissent juger les doctrines en crédit et régler leur propre conduite. Si les masses sont facilement entraînées dans une direction contraire au devoir et même au véritable intérêt, c'est qu'il y a en elles plus d'ignorance que de corruption, plus de faiblesse et d'aveuglement que de mauvais vouloir et de goût pour la révolte. Si enfin les questions d'organisation sociale ont le triste et beau privilége de passionner les âmes, et si, en pareille matière, les sophistes ont une si grande popularité, ce n'est pas seulement parce que les peuples souffrent et aspirent à une condition meilleure, c'est encore parce qu'ils n'ont qu'une idée vague, qu'un sentiment confus de la destinée humaine, de la justice, et de la raison et des conditions d'existence de la société [1].

[1] « Qu'est-ce qui a cours auprès du peuple ? ce sont les doctrines querelleuses et agressives, ou celles qui ont de belles formes et peu de fond, qui sont telles en un mot qu'elles doivent être pour surprendre son assentiment ou flatter ses passions. »

BACON, préf. du *De augmentis*, traduction de M. Riaux, p. 7.

Le meilleur moyen de moraliser et de calmer les âmes est donc de les élever, de préciser les grandes notions qui sont en elles, de les armer contre l'erreur, et de fortifier, par une éducation vraiment libérale, la tendance naturelle qui les pousse vers le beau et le bien. Tant que cette œuvre d'apaisement et de moralisation ne sera pas accomplie, il ne faudra ni songer au progrès ni même espérer la durée de la société moderne.

Telle est notre conviction : qu'elle soit l'excuse d'une tentative qui paraîtra téméraire, peut-être, quoique nous n'ayons fait, comme cet ouvrier de la dernière heure dont il est parlé au saint Livre, que mettre en gerbe les épis cueillis par nos pères

CHAPITRE III.

La Société est l'état naturel de l'homme.

Mécontent des autres et de lui-même, Rousseau a violemment attaqué la condition de l'homme, et s'est efforcé de démontrer cette thèse étrange, déjà soutenue par Hobbes, à savoir que l'homme est né pour vivre comme l'animal dans la solitude et l'isolement, que la société est un état contre nature ou qu'elle est naturelle à l'espèce humaine comme la décrépitude à l'individu, et qu'il faut des arts, des lois, des gouvernements aux peuples comme il faut des béquilles aux vieillards.

« Dans l'état primitif, dit-il, n'ayant ni maisons, ni cabanes, ni propriété d'aucune espèce, chacun se logeait au hasard et souvent pour une seule nuit ; les mâles et les femelles s'unissaient fortuitement, selon la rencontre, l'occasion et le désir, sans que la parole fût un interprête fort nécessaire des choses qu'ils avaient à se dire : ils se quittaient avec la même facilité. La mère allaitait d'abord ses enfants pour ses propres besoins : puis l'habitude les lui ayant rendus chers, elle les nourrissait ensuite pour le leur. Sitôt qu'ils avaient la force de chercher leur pâture, ils ne tardaient pas à quitter leur mère elle-même ; et comme il n'y avait presque point d'autre moyen de se retrouver que de ne pas se perdre de vue, ils en étaient bientôt au point de ne pas même se reconnaître les uns les autres.

« Les hommes, dans cet état, n'ayant entre eux aucune sorte de relation morale ni de devoirs connus, ne pouvaient être ni bons ni méchants, et n'avaient ni vices ni vertus.

« Ils étaient heureux, car ils n'étaient pas dépravés par la pensée, car l'imagination, qui fait tant de ravages parmi nous, ne parle point à des cœurs sauvages : chacun attend paisiblement l'impulsion de la nature, s'y livre sans choix, avec plus de plaisir que de fureur ; et le besoin satisfait tout le désir est éteint.

« Concluons qu'errant dans les forêts, sans industrie, sans parole, sans domicile, sans guerre et sans liaison, sans nul besoin de ses semblables, comme sans désir de leur nuire, peut-être même sans jamais se reconnaître aucun individuellement, l'homme sauvage, sujet à peu de passions et se suffisant à lui-même, n'avait que les sentiments et les lumières propres à cet état ; qu'il ne sentait que ses vrais besoins, ne regardait que ce qu'il croyait avoir intérêt de voir, et que son intelligence ne faisait pas plus de progrès que sa vanité. Si par hasard il faisait quelque découverte, il pouvait d'autant moins la communiquer qu'il ne connaissait pas même ses enfants. L'art périssait avec l'inventeur. Il n'y avait ni éducation ni progrès ; les générations se multipliaient inutilement ; et chacune partant toujours du même point, les siècles s'écoulaient dans toute la grossièreté des premiers âges ; l'espèce était déjà vieille, et l'homme restait toujours enfant [1]. »

Voilà le portrait de l'homme que J.-J. Rousseau nous propose pour modèle; voilà l'état naturel, tant vanté par le maître et par les disciples, où il n'y a ni rapports constants, ni lois, ni gouvernement, ni religion, ni morale, ni éducation, ni arts, ni progrès; où l'amour n'est qu'un instinct sensuel; où l'amitié, la piété filiale, la charité sont des sentiments ignorés; où il n'y a ni bons ni méchants, ni vice ni vertu et, par suite, aucune notion de l'Être suprême, aucune espérance d'une vie meilleure, où, en un mot, aucun caractère ne sépare l'homme de la bête.

Sans me préoccuper du point de vue que l'auteur veut établir, sans défendre la civilisation et les arts, qui, ce me semble, n'ont pas besoin d'être défendus, même lorsque J.-J. Rousseau les attaque, je me demande, en commençant ce travail, s'il est vrai que la société ne soit pas

(1) Extraits du *Discours sur l'Inégalité*.

l'état naturel de l'homme ou ne soit qu'une dégénération ?

Si l'assertion est admise, tout est dit, et il n'y a plus à s'occuper des principes de la société et de la morale sociale, puisque naturellement il ne doit y avoir ni société ni morale.

Néanmoins, je passerais outre et laisserais le bon sens et l'expérience répondre pour moi, si la doctrine de l'éloquent sophiste n'avait pas été contagieuse.

Mais comme elle a été et est encore une sorte de lieu commun paradoxal adopté et reproduit par tous les déclamateurs, comme elle est l'idée première du *Contrat social* et de la plupart des systèmes subversifs, je crois qu'il est nécessaire d'en montrer rapidement l'absurdité.

L'homme, à sa naissance, est le plus faible des animaux : il est incapable de changer de lieu, de trouver sa nourriture, de distinguer ce qui lui est bon et ce qui lui est mauvais, de se défendre contre l'attaque des bêtes ou contre les inclémences du ciel et des saisons. L'instinct même, cette impulsion providentielle et infaillible que Dieu donne aux êtres qui ne doivent jamais s'élever à la dignité d'êtres raisonnables, l'instinct est en lui inférieur à celui des autres animaux. L'enfant, sans l'amour et le dévouement de sa mère, mourrait au bout de quelques heures. Abandonné à lui-même, dans les premières années de son adolescence, il ne saurait éviter les dangers qui menacent sa vie; il périrait bientôt d'inanition, il serait la victime de son imprudence ou la proie des bêtes féroces.

Mais si, d'une part, sa faiblesse naturelle lui rend la société nécessaire, d'autre part et d'une manière plus frappante encore, sa nature morale et intellectuelle répugne à l'isolement. Il est irrésistiblement poussé à rechercher ses semblables, à leur confier ses douleurs et ses joies, à entrer avec eux en communauté de plaisirs et de souffrances, à prier lorsqu'ils prient, et à espérer ce qu'ils espèrent.

De son cœur s'élève incessamment une aspiration d'amour que l'infini seul peut combler, et il périrait à la peine, si la société ne le distrayait de ce vide immense qu'il sent en lui, et ne calmait cet inexorable ennui qui, selon la profonde expression de Bossuet, fait le fond de la nature humaine!

Enfin, il veut connaître : inquiet et curieux, il poursuit la vérité avec ardeur, car elle est l'aliment de son âme, comme le pain est l'aliment de son corps.

Et que sait-il par lui-même? que serait mon intelligence, si elle n'était fécondée par l'intelligence des autres hommes? que serait ma science, si elle ne comprenait que ce que j'ai pensé, vu et observé? quelles sont les idées qui m'appartiennent, que j'ai tirées de mon propre fonds et sans un secours étranger?

Non, soit que je me considère sous le point de vue physique, soit que je me considère sous le point de vue moral, je ne me reconnais pas dans cet animal sauvage que Rousseau appelle l'homme primitif. Tout mon être proteste, je sens que la société est mon état naturel, et que m'imaginer dans un autre état c'est m'imaginer autre que Dieu ne m'a créé.

Je vais plus loin (et c'est une considération qui

m'a toujours frappé), si cette pauvre créature incapable d'amour et de foi, si ce prétendu homme primitif avait existé, je révoquerais en doute la justice et la bonté de Dieu, qui n'aurait donné le sublime privilége de le connaître, de l'aimer et de le servir qu'à l'homme corrompu par le contact de ses semblables et dégradé par la civilisation.

Rousseau, et c'est le propre de ceux qui attaquent systématiquement l'ordre établi dans le monde, n'a qu'une idée grossière de son auteur. Le sauvage qui n'a ni famille, ni éducation, ni pensées (l'homme qui pense est un animal dépravé) est pour lui le vrai homme. Cet enfant de la nature ignore Dieu, tandis que l'enfant dégénéré de la civilisation connaît Dieu et fait profession de croire en une religion. Singulière préférence de l'Être suprême ! il se cache à l'homme pur, à l'habitant nomade du désert, et il se révèle au citoyen des sociétés organisées, à l'ami des arts et des sciences, au vicaire savoyard !

CHAPITRE IV.

Conditions d'existence et fondements de la Société.

De ce que l'homme est né pour vivre en société, il ne s'en suit pas que la société ait toujours été ce qu'elle est actuellement, et qu'il y ait toujours eu au-dessus de la société domestique une société politique et civile.

Au commencement, dans les temps primitifs, la famille seule existe, et le père est à la fois le législateur et le roi de cette nation au berceau. Mais bientôt la famille s'accroît et se ramifie, l'autorité patriarcale est de plus en plus étendue, et partant plus difficile à exercer : la famille est un peuple.

Qu'arrive-t-il alors ? le plus saint des gouvernements est-il détruit ! non, le père n'abdique pas, il conserve l'autorité du foyer domestique ; mais, naturellement, sans convention, par la force des choses et par suite du développement de la société, il est dépossédé d'une partie de son pouvoir au profit d'un pouvoir supérieur, et, au-dessus de sa volonté, il reconnaît une loi au nom de laquelle ce pouvoir supérieur commande à ses enfants et à lui-même.

Le jour où cette reconnaissance a lieu, la société civile et politique est constituée et, quelles que soient ses formes extérieures, quels que soient les rapports divers de ceux qui la composent, elle est permanente et aussi durable que l'espèce humaine.

Ainsi, sans m'embarrasser dans les questions d'origine, qui, en pareille matière, sont stériles ou dangereuses, je pose en principe que la société s'est naturellement formée et développée, et qu'elle n'est pas le résultat d'une convention.

Imaginer une convention antérieure à la société,

ce serait revenir à l'insoutenable paradoxe de Rousseau sur l'état sauvage.

Or, l'existence d'une société suppose trois conditions ou principes fondamentaux : 1° un corps de lois qui consacrent des droits, imposent des devoirs, et assurent la liberté de chacun en réglant la liberté de tous ; 2° un gouvernement qui fait exécuter les lois et qui leur est lui-même soumis ; 3° une religion qui lie les membres de la société par des croyances et des espérances communes, et qui dicte, au nom de Dieu, les devoirs que la loi humaine ne saurait prescrire.

Étudier successivement ces trois conditions, montrer leur nécessité, faire voir surtout leur union indissoluble, voilà, en résumé, le sujet de ce travail, et nous allons l'aborder sur-le-champ.

CHAPITRE V.

—

L'homme seul a ses Lois.

Les créatures que Dieu a placées sur cette terre se peuvent diviser en deux grandes catégories : *Les êtres impersonnels et les Personnes.*

J'entends par êtres impersonnels ceux qui n'ont aucune autonomie, qui obéissent aveuglément et fatalement à une puissance supérieure, qui concourent à leur insu à la fin universelle, et qui, n'ayant ni liberté ni raison, ne sauraient avoir aucune responsabilité.

Sous cette dénomination générale sont compris, quelle que soit d'ailleurs leur hiérarchie, les minéraux, les plantes et les bêtes. Leur loi commune, *c'est d'être comme ils sont*, comme leur auteur a voulu qu'ils fussent, et tous s'y conforment invariablement.

J'entends par Personnes les êtres doués d'une intelligence, non pas de l'intelligence immuable des animaux et qu'on appelle instinct, mais d'une intelligence dont ils ont la conduite et dont ils peuvent faire un bon ou mauvais usage.

Les Personnes étant en possession du libre arbitre, étant capables de gouverner leur entendement, de connaître leur fin, d'aller vers Dieu ou de s'en éloigner, sont responsables de leurs actes. Leur loi commune, ce n'est pas la manière dont elles sont, mais *la manière dont elles doivent être*.

La loi des êtres impersonnels est une loi qu'ils ne modifient et ne violent jamais ; et lorsque nous admirons leur sagesse et leur soumission, nous ne faisons qu'admirer la sagesse et la puissance de Dieu.

La loi des Personnes, au contraire, est, en quelque sorte, une loi qui dépend d'elles, non pas sans doute dans sa nature ou son principe, mais dans son exécution, car elles ont la faculté de s'y conformer ou de l'enfreindre. Cette faculté explique leur grandeur et leurs défaillances, leur condition présente et leur condition à venir.

En un mot, l'homme seul, selon l'expression de Montesquieu, a ses lois, parce que l'homme seul est en état de connaître et d'accomplir librement sa fin.

Que l'être impersonnel se conforme à l'ordre, on ne lui attribue aucun mérite : il a agi comme il devait agir; mais à la Personne se conformant à l'ordre, on attribue avec raison un mérite, un droit à une récompense : elle aurait pu agir, elle était même tentée d'agir autrement; car, outre l'intelligence et la liberté, elle a en elle la passion, qui est souvent l'ennemie de l'ordre et la corruptrice de l'intelligence.

Dieu n'adresse ses promesses et ses menaces, ni aux minéraux, ni aux plantes, ni aux bêtes; il est assuré de leur obéissance. Il parle à l'homme seul, auquel dans sa bonté infinie il a donné le terrible privilége de pouvoir lui désobéir.

Ainsi, le caractère de la loi des Personnes est l'obligation et non la contrainte : elle commande de l'écouter, elle n'y force point. S'il en était autrement, si la loi cessait d'être la reconnaissance de la liberté humaine, l'homme ne serait plus un agent moral : il prendrait place parmi les êtres impersonnels.

CHAPITRE VI.

De la Loi positive.

Le droit positif ou l'ensemble des lois civiles et politiques est, logiquement et dans le temps, postérieur au droit naturel, mais il en dérive et en est le complément indispensable.

Il ne suffit pas, en effet, pour assurer l'observation de la loi éternelle que Dieu l'ait écrite dans nos cœurs et l'ait rendue intelligible à notre raison. Il en faut une expression plus sensible. Il faut une prescription, également accompagnée de menaces et de promesses, dont l'effet soit plus prochain, qui parle plus grossièrement peut-être, mais plus immédiatement à l'instinct de rébellion. Il faut une loi positive.

Le cri de la conscience, la foi en une vie future, en un Juge infaillible auquel rien n'échappe, les espérances et les craintes qui se rattachent à cette foi seraient assurément des motifs assez puissants pour nous inciter à la vertu, si nous étions moins faibles et moins portés au mal. Et, dans les sociétés primitives où l'homme avait des rapports étroits avec son auteur, dans l'âge d'or comme on l'appelle, où la créature avait un sentiment profond de sa dépendance, où le genre humain, peu éloigné de son berceau, conservait intact le dépôt des enseignements divins, la loi naturelle régnait seule et suffisait au maintien de la société.

Mais les cœurs s'endurcirent bientôt : la foi s'affaiblit; Dieu ne lui parlant plus directement, l'homme oublia Dieu et alla sacrifier à la divinité complaisante qu'il avait faite *à sa mode* [1]; il méconnut son origine et ses devoirs; il arriva enfin

[1] BOSSUET, *Oraison funèbre d'Anne de Gonzague.*

à un tel degré de corruption et la société fut tellement bouleversée qu'une législation sensible, ayant une sanction sur la terre, fut reconnue nécessaire, et Dieu lui-même, sur le mont Sinaï, en donna le premier le modèle et l'exemple.

Telle est, selon moi, l'origine du droit positif, ou plutôt telle en fut la première apparition. A ceux qui contesteraient l'exactitude du récit biblique et qui m'accuseraient de faire intervenir mal à propos l'autorité des livres saints dans une question philosophique, à ceux-là je dirais :

Consultez les traditions primitives de tous les peuples, et vous verrez qu'elles s'accordent sur ce point, à savoir qu'il n'y eut d'abord qu'une loi, la loi de la conscience, et que la loi civile ou positive lui est postérieure ; vous verrez encore que la coutume a précédé le droit écrit, car la coutume est la forme première et naïve de la loi positive [1].

[1] « Dieu parlait d'abord, et l'on n'écrivait pas. »
DE MAISTRE, *Considérations sur la France*.

CHAPITRE VII.

—

Définition de la Loi positive; ce qui la distingue de la Loi naturelle.

La loi positive est l'expression de la justice. Elle a pour but de restreindre la liberté individuelle, en consacrant des droits et en imposant des devoirs, et, par suite, d'assurer le maintien de la société.

Comme son divin exemplaire, elle est fondée sur la reconnaissance de la liberté humaine; et l'on pourrait définir la société une assurance mutuelle, formée par la nature, où chacun, pour garantir sa liberté, en donne une partie : l'ensemble de ces parties constitue la loi ou la raison d'être de la société.

Ainsi, loin d'être, lorsqu'elle est juste, une négation de la liberté, la loi en est au contraire la solennelle affirmation ([1]); elle ne lui pose des bornes que pour la défendre et pour substituer le droit raisonnable de la justice au droit brutal de la force. Ainsi, ceux qui demandent la liberté absolue demandent l'abolition de la loi, et, par conséquent, de la liberté possible (*a*).

De cette définition, il suit que le fondement de la loi humaine est dans la loi divine, qu'elle doit lui être conforme, qu'elle ne saurait la contredire sans manquer à son but et sans perdre son autorité ([2]).

([1]) « Hoc (Lex nempe) vinculum est hujus dignitatis, qua fruimur in republica, hoc *fundamentum Libertatis*, hic fons æquitatis. Mens, et animus, et consilium, et sententia civitatis, posita est in legibus. Ut corpora nostra sine mente; sic civitas sine lege, suis partibus, ut nervis, ac sanguine, et membris, uti non potest. Legum ministri, magistratus; legum interpretes, judices; legum denique idcirco omnes servi sumus, *ut Liberi esse possimus.* » (Cic. pro Cluent. 53.)

(*a*) Voir la note première, à la fin du volume.

([2]) « Est lex, justorum injustorumque distinctio, ad illam antiquissimam et rerum omnium principem expressa naturam, ad quam leges hominum diriguntur, quæ supplicio improbos afficiunt, defendunt ac tuentur bonos. »

Cicero, *de Legibus*, II. 5.

Supposez-la contraire : tout homme qui a quelque courage et quelque sentiment de sa dignité ne lui obéira pas, car entre Dieu et les hommes il n'y a pas à hésiter. Si le code commandait le meurtre ou la trahison, je braverais ses ordres, et ne voudrais être ni meurtrier ni traître.

Que la loi blesse mon intérêt en vue de l'intérêt général, je m'y soumets et je serais coupable de lui résister ; mais qu'elle contredise ma conscience, qu'elle heurte le droit éternel, je n'écoute plus sa voix et passe outre (*b*).

De la définition que nous avons donnée il suit encore que la loi humaine diffère de la loi divine par son étendue, et cette différence se manifeste en deux points essentiels.

En premier lieu, la loi divine règle non-seulement la liberté morale, mais encore la liberté extérieure, ce qu'il faut vouloir et ce qu'il faut faire.

La loi positive, étant incapable d'atteindre les actes intimes, ne doit pas se mêler des affaires de

(*b*) Voir la note deuxième, à la fin du volume.

la conscience : ce serait empiéter sur les droits de Dieu. Elle ne peut que régler la conduite de l'homme, traduisant ses pensées par des actes externes, ou sa liberté civile et politique.

En second lieu, la loi divine commande, outre la justice, le dévouement, le sacrifice et l'abnégation de soi-même : elle commande de ne pas se borner à éviter le mal, mais de faire le bien : elle nous dit que nous ne serons pas jugés uniquement d'après la justice, mais aussi et singulièrement d'après la charité, cette prescription supérieure dont l'observance constitue le vrai mérite.

La loi positive ordonne seulement la justice : elle contraint les citoyens au respect des biens, de la vie, de l'honneur et de la foi de leurs semblables ; elle développe en articles ce précepte de morale : fais à autrui ce que tu voudrais qui te fût fait. Elle ne va pas au delà, elle n'enjoint pas à ses sujets de se dévouer, d'être des héros ou des saints.

Comment expliquer ce silence, sinon par l'impuissance où elle est de faire davantage, et aussi par un respect naturel des droits de Dieu et de la liberté humaine [1]. Le législateur équitable doit pousser ce respect jusqu'au scrupule, et n'assigner à notre liberté extérieure que les bornes imposées par les conditions mêmes de la société, c'est-à-dire par les rapports nécessaires des hommes entre eux.

(1) Nous montrerons plus loin et avec détail (voir le chapitre XXe) que la loi positive est et doit se reconnaître insuffisante, et que, si elle réglait toute notre conduite, elle serait odieuse et tyrannique.

CHAPITRE VIII.

—

Pourquoi la Loi insiste-t-elle sur le devoir ?

Je ne sache pas qu'il y ait des hommes assez ignorants pour avoir besoin d'être avertis de leurs droits essentiels. Le droit dont ils n'ont pas conscience n'est pas un droit pour eux. Et lorsque des gens avisés cherchent à éveiller ce droit qui sommeille, les prétendus opprimés ne s'en soucient guères : ils savent que les droits nouveaux imposent de nouveaux devoirs. S'ils feignent d'être touchés, c'est que d'autres passions sont en jeu qui saisissent un prétexte pour se faire jour.

Les droits essentiels de la personne humaine sont, je le répète, connus et compris de tous.

On peut en dire autant des devoirs ; mais entre eux et les droits il y a une différence profonde : c'est que nous ne perdons jamais de vue ce qui nous est dû, nous n'en laissons jamais affaiblir le sentiment, tandis que nous oublions volontiers le droit d'autrui ou notre devoir. Nous sommes moins sensibles au mal que nous faisons qu'au mal que nous endurons ; et, par degrés, nous arrivons à cette perfection de l'égoïsme qui consiste à croire que les autres nous doivent tout et que nous ne devons rien aux autres.

Or, le législateur, ayant constaté cette double tendance, se garde bien de venir en aide à la plus énergique. Ce serait un soin superflu. Il est persuadé avec raison que l'idée de l'obligation morale suscite assez fortement l'idée de droit, sans qu'il y ait nécessité d'insister sur cette dernière. Il a étudié l'homme et l'histoire, et il a remarqué que les égarements des individus, simples particuliers ou souverains, et des nations, proviennent presque tous de l'exagération de leur droit et de l'oubli de leurs devoirs.

CHAPITRE IX.

A quelles conditions une Loi est-elle bonne, c'est-à-dire obligatoire et efficace ?

« Une loi peut être réputée bonne, quand il y a : 1° certitude dans ce qu'elle intime ; 2° justice dans ce qu'elle prescrit ; 3° facilité dans son exécution ; 4° harmonie entre elle et les institutions politiques ; 5° constance à faire naître la vertu dans les sujets (1) ».

Telles sont les conditions que doit remplir la loi positive ; si elle ne les remplit pas, elle a une influence fâcheuse ou elle est comme non avenue.

(1) BACON, *de Augmentis*, etc. Traduction de M. Riaux, p. 424.

2

Imaginez une loi dont les ordres ne sont pas clairs et certains, vous introduisez la confusion dans les esprits et l'arbitraire dans les tribunaux.

Imaginez une loi contraire à la justice, vous créez cet antagonisme dont nous parlions naguère, l'antagonisme de la conscience et du code, dont le résultat n'est jamais favorable à ce dernier. La fameuse loi des *suspects* révolta les plus chauds partisans de la légalité et, pour l'honneur du nom français, elle ne fut jamais observée.

Imaginez une loi dont l'exécution est environnée de difficultés, comme celle, par exemple, qui établirait un impôt sur les valeurs mobilières de toute nature, et vous serez bientôt forcé de l'abroger ; car il y a des valeurs mobilières qu'il est aisé de soustraire au recensement, et ce sont les plus considérables.

Imaginez une loi qui ne soit pas d'accord avec les institutions politiques, et vous vous placez dans cette alternative inévitable, ou d'abolir la loi ou d'abolir les institutions. C'est ainsi que la création des tribuns du peuple amena la chute de la république romaine en ébranlant la puissance des patriciens et en préparant la dictature de Sylla et de César.

Imaginez enfin une loi qui ne tende pas à faire naître la vertu dans les sujets, qui ne parle qu'à l'intérêt ou à la crainte, et bientôt vous aurez une société corrompue, un État ébranlé et l'anarchie en permanence.

Outre ces conditions, il est certains points importants que le législateur ne doit pas perdre de vue : je veux parler du changement et du nombre des lois.

Il ne faut les abroger ou y substituer des dispositions nouvelles qu'avec une extrême prudence, d'abord parce qu'un progrès brusque et intempestif amène toujours des réactions et des ajournements, et ensuite parce que la stabilité et la fermeté de la loi sont des marques qui avertissent de son inviolabilité.

« On perd la vénération pour les lois quand on les voit si souvent changer. C'est alors que les nations semblent chanceler, comme troublées et prises de vin, ainsi que parlent les Prophètes. L'esprit de vertige les possède, et leur chute est inévitable. C'est l'état d'un malade inquiet et qui ne sait quel mouvement se donner [1]. »

Le seul cas où la loi doive être changée immédiatement, quel que soit le trouble inséparable du changement, c'est lorsqu'elle est injuste, et par conséquent antisociale et impie. Mais hors de là, fût-elle incommode et même insuffisante, ne la modifiez qu'avec réserve et circonspection, non par respect pour elle, mais pour les autres lois qu'on s'accoutumerait bientôt à mépriser et qu'on voudrait changer comme elle.

Quant au nombre des lois, on peut affirmer avec un célèbre écrivain que plus il est grand chez un peuple, plus ce peuple est dégénéré. La multiplicité des lois ou des précautions prises prouve la multiplicité des dangers qui menacent la société.

(1) BOSSUET, *Politique tirée de l'Écriture sainte.*

« Plus on écrit et plus l'institution est faible, la raison en est claire. Les lois (surtout les lois politiques) ne sont que des déclarations de droits, et les droits ne sont déclarés que lorsqu'ils sont attaqués [1]. »

Mais le plus grand inconvénient de la multiplicité des lois, c'est qu'elle fournit des moyens pour les violer impunément. On oppose un article à un autre article du code, et, ne pouvant attaquer ouvertement le législateur, on le prend par la ruse et on le bat avec les armes mêmes qu'il a forgées.

[1] DE MAISTRE, *Considérations sur la France.*

CHAPITRE X.

—

Source de la Loi positive.

Nous savons que la loi est l'expression de la justice, et à quelles conditions elle est obligatoire et efficace. Mais quelle en est la source ? qui doit être législateur ? Le peuple entier ou une partie du peuple ? tous ou quelques-uns ?

Question importante, souvent agitée et que nous avons implicitement résolue.

En effet, le droit positif devant être fait à l'image du droit naturel et exprimer l'éternelle justice, qui est le fondement de l'un et de l'autre, le législateur humain vraiment digne de ce nom est celui qui comprend le mieux la loi divine, qui l'interprète et la traduit clairement.

Mais quel est celui-là ?

Ce n'est pas le peuple tout entier, car cette désignation collective de peuple embrasse ceux qui savent et ceux qui ne savent pas, ceux qui ont une raison éclairée et ceux qui, n'ayant qu'une conscience superficielle du bien et du mal, ne voient que les applications immédiates de l'idée de justice. Et ces hommes ignorants sont assurément les plus nombreux et les plus faciles à tromper.

En un certain sens, on peut soutenir qu'ils ne sont pas libres, parce que leur volonté est aveugle et marche à l'aventure ou poussée par la passion du moment. Ils ignorent que la liberté n'est pas dans l'accomplissement du désir ou dans la satisfaction du caprice, mais dans l'obéissance aux ordres de la conscience et de la raison [1]. L'idée d'indépendance est pour eux, et à leur insu, syno-

[1] « Libertate quidem nihil potest esse dulcius ; et ea, si æqua non est, ne Libertas quidem est. »

(Cic. *de Rep. I.* 31.)

nyme de l'idée d'arbitraire et de despotisme. Ils confondent le mobile qui les entraîne avec le motif moral qui oblige, et leur droit, c'est ce qu'ils veulent : droit instable comme la volonté elle-même :

> Diruit, ædificat, mutat quadrata rotundis.

Ceux qui, à la suite de Rousseau, soutiennent que la loi doit être la conséquence de la volonté générale, et qui attribuent la puissance législative au plus grand nombre, sans se demander si le plus grand nombre est capable d'en bien user, ceux-là ne voient pas la nature mobile, capricieuse et contradictoire de la volonté.

Ils ne voient pas que, s'il en était ainsi, le droit, le devoir, la justice, la liberté, tout ce qu'il y a de grand et de sacré au monde serait abandonné au hasard ; ils ne voient pas que le peuple, même dans la société moderne, où le niveau intellectuel est singulièrement plus élevé que dans la société antique, n'a point encore ce qui fait la volonté droite et libre, c'est-à-dire le sentiment réfléchi du droit éternel, ou la raison [1].

Le peuple arrivera-t-il jamais à cette intelligence de la loi divine, sans laquelle on ne peut faire une bonne loi positive ? je l'ignore ; mais, tel qu'il est, il me paraît incapable d'accomplir une œuvre aussi délicate.

Dirai-je toute ma pensée ? je ne crois pas que la loi positive soit jamais l'interprétation fidèle et complète de la justice absolue qu'elle a mission d'exprimer. Il y aura toujours un certain désaccord entre les institutions imparfaites et variables des hommes et les institutions immuables et parfaites de Dieu.

Notre grandeur ne sera point d'avoir réalisé cette harmonie, car alors nous ne serions jamais grands, mais d'avoir essayé de l'atteindre et d'en avoir approché.

Notre fin ici-bas est de nous perfectionner sans

[1] Si l'homme découvre la vérité, ce n'est pas parce qu'il est libre, c'est parce qu'il est raisonnable.

cesse et non de devenir parfaits, et cette considération s'applique à la société comme à l'individu.

N'en doutons pas, avec le temps la condition morale des masses s'améliorera; elles seront *élevées*, le nombre de ceux qui savent et par conséquent sont libres, ira en grandissant; mais, je le répète, quels que soient les progrès, on n'arrivera pas à l'abolition complète de l'ignorance, non plus qu'à l'abolition complète de la misère.

Or, de même que, pour traduire en français un livre écrit dans une langue étrangère, il faut connaître non-seulement les éléments de cette langue, mais encore ses idiotismes, ses nuances et ses délicatesses, de même, pour traduire la loi naturelle dans la loi positive, il ne faut pas seulement en posséder les prescriptions les plus générales, mais encore les applications, les subdivisions et les commandements particuliers; il faut savoir expliquer ses contradictions apparentes et la distinguer nettement des éléments étrangers que nos passions y mêlent.

Le peuple entier, je l'ai déjà dit, n'est pas capable d'une œuvre aussi complexe et aussi délicate. Le peuple épelle à peine le Grand-Livre de Dieu, il n'y lit pas couramment : il devine plus qu'il ne comprend, et suit plutôt son instinct que sa raison. Cet instinct est admirable sans doute, et il est nécessaire qu'il en soit ainsi pour que les masses sentent l'autorité morale de la loi, mais c'est un instinct borné et qu'il est malheureusement facile de corrompre.

Les partisans du système de la volonté générale ont compris la force de cette objection. Ils ont rejeté comme exagérée la conséquence, logique selon moi, que J.-J. Rousseau tirait du principe, lorsqu'il écrivait ces lignes remarquables :

« La souveraineté n'est que l'exercice de la volonté générale ; elle ne peut jamais s'aliéner, et le souverain qui n'est qu'un être collectif ne peut être représenté que par lui-même. Le pouvoir peut bien se transmettre, *mais non pas la volonté* (1). »

(1) J.-J. ROUSSEAU, *Contrat Social*, liv. II, chap. Ier.

Ils ont maintenu le principe, tout en corrigeant l'application. Le peuple, à leur sens, est le véritable législateur, mais il ne l'est que par délégation; il choisit ses représentants et leur commet ses pouvoirs. Il a toujours assez de lumières pour bien choisir.

Le système ainsi transformé est spécieux; mais, s'il est plus praticable, est-il plus solide? c'est ce que je vais examiner.

CHAPITRE XI.

Source de la Loi positive. (Suite.)

J'ai reconnu la possibilité d'attribuer à tous le pouvoir indirect de faire la loi : mais je soutiens que le système de la délégation n'est pas plus solide, n'offre pas plus de garanties que l'hypothèse du pouvoir direct, et qu'il soulève les mêmes objections.

Le peuple, nous dit-on, a toujours assez de lumières pour choisir : s'il n'est pas en état de traduire lui-même la loi éternelle, il est capable de distinguer ceux qui la traduiront pour lui.

Contre cette hypothèse, je pourrais arguer des faits mêmes dont nous avons été témoins, des fluctuations de la volonté populaire, des élections contradictoires que nous avons vues ; mais je n'en ai ni le dessein ni le droit : ce serait transformer une question de philosophie en une question de politique contemporaine, ce serait descendre des régions pures et sereines de la morale dans l'arène où s'agitent les partis et les passions. Ce que je veux établir, c'est que la loi faite par délégation, comme la loi faite directement, repose sur cette base mobile et changeante qu'on appelle la volonté.

Supposons pour un instant que le peuple tout entier, que tous les citoyens, quel que soit leur degré d'instruction, fassent la loi par l'intermédiaire de leurs représentants : qu'arrivera-t-il ?

Le peuple choisit ceux qu'il lui plaît d'élire, *ceux qu'il veut.* Mais par quoi est-il dirigé dans son choix ? par l'amour de la justice ou par la recherche de son intérêt immédiat ? Va-t-il à la découverte des plus honnêtes ou de ceux qu'il estime devoir lui procurer le bien-être ? De ces deux idées, le bien et l'utilité, quelle est celle qui le touche le plus ? et même de l'utilité immédiate et fugitive du présent et de l'utilité plus éloignée et plus durable de l'avenir, quelle est celle qu'il prise davantage?

Avons-nous besoin de répondre à une pareille question ? Le plus grand nombre est surtout préoccupé de sa condition matérielle (et comment ne le serait-il pas ?) ; il écoute ceux qui lui font des promesses, il les aime, car les promesses engendrent les espérances, et il les nomme. C'est ainsi qu'il donnera successivement sa voix aux apôtres des doctrines les plus opposées, se fiant à leur parole, ne distinguant pas le démagogue qui l'exploite du sincère patriote qui défend ses véritables intérêts, se laissant aller à toutes les inspirations du caprice, se contredisant, rencontrant quelquefois juste, mais n'ayant aucune préoccupation sérieuse de trouver des mandataires qui aiment la justice ou qui aient une idée nette de la loi éternelle.

Que le plus grand nombre témoigne de sa volonté par son vote, je l'admets ; mais s'il n'est que le plus grand nombre, s'il n'est pas éclairé, je ne fais pas plus de cas de sa volonté aveugle que du hasard, ce dieu qui porte un bandeau sur les yeux.

et ne lui attribue ni la vertu de reconnaître le droit, ni celle de distinguer ceux qui pourraient le reconnaître.

La mission du législateur, proclamons bien haut cette vérité, n'étant pas de faire la justice, mais de l'exprimer, je ne m'enquiers pas s'il veut, mais s'il comprend et s'il est honnête ; je demeure persuadé que pour concourir, directement ou indirectement à l'établissement de la loi, il faut un certain degré de raison et de lumières dont le plus grand nombre est destitué [1].

Mais qui fera donc la loi, ou plutôt qui désignera ceux qui doivent la faire?

Je réponds sans détours : ceux qui sont éclairés ; tous, si tous le sont ; quelques-uns, si quelques-uns seulement sont éclairés.

[1] L'institution d'une seconde chambre, composée d'hommes plus âgés (seniores), plus versés dans la pratique des affaires, moins accessibles aux séductions de la nouveauté ou aux entraînements de la passion, ne marque-t-elle pas, dans la plupart des États modernes, la nécessité d'un pouvoir rationnel, pour ainsi dire, qui tempère et redresse quelquefois l'exercice de la volonté populaire ?

Il est inutile d'ajouter que, dans toutes les hypothèses, nous regardons comme une utopie impraticable la législation directe, et que, dans tous les cas, nous plaçons l'autorité de la conscience ou de Dieu au-dessus de l'autorité de l'opinion ou des hommes.

CHAPITRE XII.

Sanction de la Loi positive.

« Toute loi parfaite [1], dit Puffendorf, a deux parties : l'une qui détermine ce qu'il faut faire ou ne pas faire : l'autre qui déclare le mal qu'on s'attirera si l'on ne fait pas ce que la loi ordonne, ou si l'on fait ce qu'elle défend. Car comme il ne servirait de rien de dire, *faites cela*, si l'on ne mena-

(1) « Car il y a des lois *imparfaites*, qui défendent simplement une chose sans menacer d'aucune peine. Mais en ce cas-là même il peut y avoir une sanction tacite, c'est-à-dire que, sans déterminer la peine, le législateur n'en dispense pourtant pas, et s'en réserve seulement la détermination, suivant l'exigence des cas. » (Note de Barbeyrac, traducteur de Puffendorf.)

çait pas de quelque mal ceux qui refuseront d'obéir, le cœur de l'homme étant si corrompu qu'il aime les choses défendues, par cela même qu'elles sont défendues. Il serait aussi injuste et déraisonnable de dire, *vous subirez une telle peine*, si cette menace n'était précédée de la raison pourquoi on mérite châtiment [1]. »

La loi positive, comme nous l'avons montré, tire son autorité morale de la justice, dont elle est l'expression. Ses commandements ne paraissent et ne sont respectables qu'autant qu'ils sont conformes aux ordres intérieurs que Dieu nous donne par notre conscience. Mais pour qu'elle soit obéie, cela ne suffit pas. Il faut encore qu'elle ne soit pas impunément violée ; il faut, selon l'expression de Puffendorf, qu'elle soit parfaite, et que celui qui l'a enfreinte reçoive un châtiment.

On demandera peut-être pourquoi la sanction de la loi est renfermée dans la menace d'une peine plutôt que dans la promesse d'une récompense.

(1) PUFFENDORF, *Devoirs de l'homme et du citoyen*, liv. Ier, chap. XI.

« C'est que, dit Burlamaqui, l'on ne se porte guère à violer les lois que dans l'espérance de se procurer quelque bien qui nous séduit. L'homme est plus sensible au mal qu'au bien. Les plus belles récompenses ne déterminent pas toujours sa volonté, mais la vue d'un supplice rigoureux ébranle et intimide. »

En effet, si le bien qui nous séduit, et dont l'espérance nous pousse à désobéir à la loi, est à nos yeux plus grand que la récompense promise, quelle valeur aura cette récompense ? Qui arrêtera-t-elle ? Evidemment personne.

Mais il est une autre raison plus décisive, et qui est tirée de la nature et de l'étendue de la loi positive :

La morale se résume en ces deux préceptes, que le divin Législateur a gravés dans nos âmes : *Ne fais pas à autrui ce que tu ne voudrais pas qui te fût fait*, précepte de justice ; et *fais à autrui ce que tu voudrais qui te fût fait*, précepte de charité et de dévouement.

De ces deux prescriptions le législateur humain

n'a traduit que la première dans les articles de son code. Il n'a ordonné que le respect de la justice, et il ne devait pas aller au delà ; car la charité et le dévouement ne sont des vertus sublimes qu'autant que celui qui donne ou se dévoue est complétement libre, affranchi de toute contrainte, et n'est mu ni par la peur ni par l'intérêt. L'héroïsme de D'Assas ne nous paraît si beau que parce que D'Assas pouvait se taire ; la mort de Régulus n'est admirable que parce que Régulus pouvait impunément rester à Rome !

La loi positive n'aurait donc commandé la charité, le dévouement et le sacrifice, qu'en détruisant leur grandeur et leur sainteté ; elle s'est bornée, je le répète, à ordonner la seule chose qu'elle pouvait ordonner : le respect de la justice.

Or, celui qui ne fait pas de mal à autrui n'a droit à aucune récompense, car, à parler rigoureusement, il n'a aucun mérite (ou s'il a le mérite d'avoir résisté à ses mauvais instincts, Dieu seul est en état de le savoir et de lui en tenir compte) ; et ne serait-il pas absurde de le glorifier de n'avoir pas été méchant, de n'avoir attaqué ni les biens, ni la vie, ni l'honneur de ses semblables?

Mais celui qui porte atteinte au droit d'autrui, celui qui viole la loi de justice, doit, en vertu même de cette loi, être puni. C'est contre lui que le châtiment a été institué; c'est à cause de lui seul qu'il y a un code pénal, unique sanction possible, ou du moins efficace, des lois humaines.

CHAPITRE XIII.

Esprit de la Loi pénale.

On a prétendu que la société, en infligeant une peine au coupable, était dans la situation d'un homme irrité qui tire vengeance d'une injure reçue. C'est une erreur grave et qu'il importe de réfuter.

Non, la société ne se venge pas. Elle n'est point animée contre le criminel d'un esprit de haine ou de colère ; elle ne connaît ni le ressentiment ni les emportements de la passion : elle donne un avertissement ou un exemple salutaire, elle applique la justice, voilà tout.

Or, appliquer la justice, c'est faire un acte bon en soi, bon pour le coupable, et finalement bon pour la société elle-même, dont il assure le maintien.

Platon, parlant par la bouche de Socrate, dans cet admirable dialogue auquel il a donné le nom de *Gorgias*, montre avec beaucoup de force et d'éloquence l'utilité morale du châtiment pour le criminel.

Lorsqu'on a eu le malheur de souiller son âme par des pensées ou des actions honteuses, l'unique moyen de se relever, dit-il, et de se réhabiliter à ses propres yeux, c'est l'expiation ou la peine subie avec courage, résignation et repentir.

« Si l'on a commis une injustice soi-même, il faut aller se présenter au lieu où l'on recevra au plus tôt la correction convenable, et s'empresser de se rendre auprès du juge comme auprès d'un médecin, de peur que la maladie de l'injustice venant à séjourner dans l'âme n'y engendre une corruption secrète et ne la rende incurable... En sorte que, si la faute qu'on a faite mérite des coups de fouet, on se présente pour les recevoir ; si les fers, on tend les mains aux chaînes ; si une amende, on la paie ; si le bannissement, on s'y condamne ; si la mort, on la subit ; qu'on soit le premier à déposer contre soi-même et ses proches ; qu'on ne s'épargne pas, et que, pour cela, on mette en œuvre la rhétorique, afin que, par la manifestation de ses crimes, on parvienne à être délivré du plus grand des maux, de l'injustice [1]. »

Cet excellent résultat de la peine, ce besoin d'être châtié pour être en paix avec soi-même, si j'ose ainsi parler, ne sauraient être contestés. Combien d'hommes, après avoir violé la loi, se présentent au juge et s'écrient : J'ai été coupable, punissez-moi !

Le fatal secret de leur chute leur pèse, ils sentent qu'ils ne seront consolés qu'après l'avoir confessée, et qu'ils ne seront relevés qu'après l'avoir expiée.

Les plaies de l'âme sont comme celles du corps. Qu'un homme soit affligé d'un ulcère ou de toute autre maladie qui exige l'emploi du fer et du feu, que fera-t-il ? il appellera à son aide le chirurgien

(1) PLATON, *Gorgias*, traduction de Grou.

et supportera patiemment l'opération ; il sacrifiera même, s'il le faut, un membre pour sauver le corps.

Celui qui a commis une mauvaise action est, au point de vue moral, dans la même situation que le malade dont nous parlons : son âme est rongée par un ulcère. Il doit donc appeler le médecin de l'âme et se livrer à lui ; il doit souffrir pour guérir. Ici le médecin, c'est le juge qui inflige un châtiment ; l'expiation, c'est-à-dire la peine reconnue juste, subie avec un sentiment profond d'humilité et de repentir, c'est le remède.

J'ai mal fait, je ne fuirai pas devant l'arrêt du tribunal ; je bénirai, au contraire, cet arrêt, et je dirai, comme le blessé que l'on ampute : Cette opération est douloureuse, mais elle était nécessaire.

La justice satisfaite, je suis régénéré. J'ai perdu l'innocence, mais j'ai reconquis la paix. Oh ! Cicéron était bien inspiré, lorsqu'il écrivait ces belles et consolantes paroles, que je ne veux pas traduire de peur d'en affaiblir l'énergie : « Quæ autem tanta « ex improbe factis ad minuendas vitæ molestias

« accessio fieri potest, quanta ad augendas tum « conscientia factorum, tum pœna legum, odioque « civium (1)! » et lorsqu'il ajoutait que la justice est pour les innocents comme pour les criminels la seule chose qui donne le repos à l'âme : « Quod « tranquillet animos ! »

Subir un châtiment mérité est donc pour le coupable un heureux événement, mais il est nécessaire que ce châtiment soit promptement infligé. « Une peine trop différée rend moins étroite l'union de ces deux idées : crime et châtiment : moins il s'écoule de temps entre le délit et la peine, plus les esprits s'habituent à considérer le crime comme la cause dont le châtiment est l'effet nécessaire et inséparable. En outre, la promptitude du jugement est juste, par ce motif que la perte de la liberté est déjà une peine qui ne doit précéder la condamnation que lorsqu'on ne peut faire autrement (2). »

(1) CIC. *de finibus*, liv. V, chap. Ier.
(2) BECCARIA, chap. XIX.

CHAPITRE XIV.

La peine doit être proportionnée au crime.

L'échelle des délits étant graduée, l'échelle des punitions, dans une législation équitable, aura des degrés correspondants. En d'autres termes, la punition doit être proportionnée au crime, sinon elle est injuste et, en quelque sorte, plus dangereuse qu'utile.

En effet, punir trop sévèrement, c'est faire oublier la faute et changer le coupable en victime. Les braconniers, d'après un édit de Henri IV, étaient ou pouvaient être condamnés à mort. Heureusement cet édit fut mal exécuté, et il en devait être ainsi : la conscience publique lui était opposée. Que dis-je? on ne se souvenait plus de l'infraction, on ne voyait plus qu'un homme menacé de perdre la tête pour avoir tué quelques pièces de gibier dans les domaines du roi. Le coupable cessait de paraître coupable, il devenait intéressant et on esseyait de le sauver.

Or, l'autorité de la loi est singulièrement compromise, lorsque son texte est en contradiction avec la conscience et l'opinion des citoyens, lorsque l'inculpé devient intéressant. Alors le magistrat éprouve non-seulement quelques difficultés, mais encore une honte secrète à l'appliquer. Il essaie de l'interpréter, d'en adoucir les rigueurs et, s'il en est empêché, il descend de son siége de juge pour rester fidèle à la justice et à l'humanité.

Cette considération nous explique l'impopularité et la défaveur qui s'attachent aux tribunaux d'exception, institués en des temps de crise et en dehors des formes légales, et dans lesquels il semble que ce n'est plus un juge qui prononce, mais un ennemi qui frappe.

C'est qu'alors le châtiment, quelquefois excessif,

la croyance où l'on est que l'incriminé a pu s'égarer de bonne foi, la sympathie que toutes les âmes généreuses éprouvent pour les vaincus, même pour leurs adversaires ; et, par-dessus tout, cette idée que les magistrats improvisés n'étaient pas de sang-froid, ou plutôt étaient tout ensemble juges et parties, tout cela, dis-je, rend, à tort peut-être, l'arrêt suspect et par conséquent inefficace.

En outre, dans les affaires politiques, le condamné, fût-il un scélérat, est toujours mêlé à quelques hommes honnêtes et convaincus : il recueille une partie de l'intérêt qui s'attache à ces derniers, et la peine qui l'atteint paraît d'autant plus excessive qu'elle frappe en même temps que lui ceux qui valent mieux que lui.

La loi qui n'établit pas de proportions entre les délits et les peines est donc injuste. De plus, elle est immorale : elle excite indirectement à la perpétration des plus grands crimes.

« Si le plaisir et la douleur (c'est Beccaria qui parle) sont les deux plus grands moteurs des êtres sensibles ; si, parmi les motifs qui déterminent les hommes dans toutes leurs actions, le législateur a placé comme le plus puissant les récompenses et les peines; si deux crimes qui blessent inégalement la société reçoivent le même châtiment, l'homme porté au crime, n'ayant pas à redouter une plus grande peine pour le forfait le plus monstrueux, s'y décidera aussi facilement qu'à un délit plus léger qui lui serait moins avantageux, et la distribution inégale des peines produira cette contradiction, aussi peu remarquée que fréquente, que les lois auront à punir les crimes qu'elles auront fait naître.

« Si l'on établit un même châtiment, la peine de mort, par exemple, pour celui qui tue un faisan et pour celui qui tue un homme ou qui falsifie un écrit important, on ne fera bientôt plus de différence entre ces délits, on détruira dans le cœur de l'homme les sentiments moraux, ouvrage de beaucoup de siècles, cimenté par des flots de sang, établi avec lenteur à travers mille obstacles, édifice qu'on n'a pu élever qu'avec le secours des plus sublimes motifs et l'appareil des formalités les plus solennelles [1]. »

En reproduisant ces sages réflexions de Beccaria, je dois faire une remarque : le célèbre écrivain, comme la plupart des criminalistes, considère exclusivement le châtiment sous le point de vue de l'utilité, sans indiquer son caractère essentiel, sans dire qu'avant tout il doit être juste. Il oublie que l'intérêt est un motif qui n'oblige ni à bien ni à mal faire, et qu'il ne saurait, dans aucun cas, être le fondement de la législation.

Je me résume : la justice, l'utilité sociale, la conscience humaine s'accordent pour demander qu'un châtiment soit imposé au criminel ; mais que ce châtiment soit proportionné à son crime ; qu'il ne soit pas trop faible, parce qu'il serait méprisé ; qu'il ne soit pas trop sévère, parce qu'il serait odieux. C'est ce que Dracon n'avait pas compris. Précurseur des Stoïciens [2], il soutenait que

(1) BECCARIA, *des Délits et des Peines.*

(2) Le principe de la morale stoïcienne est, on le sait, qu'il

le crime n'avait pas de degrés ; il punissait de la même manière, avec une égale sévérité, toutes les infractions à la loi : le meurtrier, le menteur et le larron étaient mis à mort. C'est pourquoi son code barbare n'eut pas de durée, et le premier soin de Solon fut de s'occuper de la graduation des peines.

faut vivre conformément à la nature ou à la raison. Or, on conforme ou on ne conforme pas ses actions à la règle ; il n'y a pas de degrés. Une action est bonne ou mauvaise; toutes les actions bonnes le sont également ; il en est de même pour les actions mauvaises.

CHAPITRE XV.

Suite du précédent. — De la peine de mort.

J'ai démontré que les peines doivent être proportionnées aux délits, qu'il y a presque autant d'injustice à punir trop qu'à ne punir point, et que l'excès de sévérité n'est pas moins dangereux que l'excès d'indulgence ; ce qui revient à dire que l'échelle des peines doit correspondre à l'échelle des délits, et que les plus grandes violations de la loi méritent les plus grands châtiments.

C'est à la lumière de ce principe incontestable que, négligeant les détails relatifs à la pénalité, j'essaierai de résoudre une question souvent agitée, qui a reçu des solutions contradictoires, qui a donné lieu à des déclamations sentimentales où l'humanité a été opposée à la justice, où pour troubler la raison du lecteur on a agacé ses nerfs par d'horribles peintures, où enfin on a essayé de détourner contre la société usant de son droit, l'indignation due au scélérat qui viole les devoirs les plus sacrés. Je veux parler de la peine de mort.

D'abord, pour ne pas encourir le reproche que Bacon adresse aux écrivains en général, et qui touche plus particulièrement les poëtes et les orateurs [1], je vais déterminer nettement les points à débattre : La peine de mort est-elle juste, et la société a-t-elle le droit de l'infliger? La peine de mort est-elle utile [2]?

(1) « Credunt homines rationem suam verbis imperare, sed fit etiam ut verba vim suam super rationem retorqueant. »

(2) On me dira peut-être : vous exposez les principes de la société; pourquoi, à ce propos, disserter sur ce lieu commun qu'on appelle la peine de mort? ne suffisait-il pas d'avoir établi la nécessité de la sanction pénale, sans entrer dans ce détail?

A cette objection, je réponds que la question de la peine de mort, quels que soient les lieux communs auxquels elle a servi de prétexte, est une question très-importante, tellement grave que si l'on arrivait à prouver que la société n'a

Premier point :

La loi positive, je ne puis me lasser de le répéter, est instituée en vue du maintien de la justice et de la société. Or, est-il conforme à l'esprit de la loi ainsi conçue que le meurtrier, s'il n'y a aucune circonstance atténuante qui milite en sa faveur, reçoive la mort pour châtiment? Est-il conforme à l'esprit de la loi que le fils pervers, qui trouve que son vieux père a vécu trop longtemps, et qui, foulant aux pieds tous les sentiments de la nature, se débarrasse de ce vieillard dont l'héritage excite sa cupidité; est-il conforme à l'esprit de la loi que ce parricide soit puni de la peine la plus sévère et retranché du nombre des vivants? Est-il conforme à l'esprit de la loi que le voleur décidé d'avance à tuer tous ceux qui s'opposeraient à la perpétration de son crime, en frappant de sang-froid l'homme

pas le droit de l'infliger, il s'en suivrait, selon moi, qu'elle n'a le droit de punir dans aucun cas, et, par suite, qu'elle n'a pas le pouvoir de faire des lois efficaces.

C'est ce qui sera démontré dans la suite de ce travail. (Voir la fin du chapitre.)

qui défend son bien, l'homme qui ne lui a fait aucun mal et qui ne s'attendait ni à cette attaque ni à cette mort tragique ; est-il juste enfin que cet assassin soit puni de mort [1] ?

Poser une pareille question, c'est la résoudre : Oui, s'écrient à la fois la conscience publique, la philosophie et la religion, oui, l'homicide sans excuse, sans circonstances atténuantes, mérite une peine égale à son forfait.

Le Christ lui-même, Dieu qui s'est fait homme pour enseigner l'amour et la charité, cet adorable maître qui ordonne l'oubli des injures, qui commande de faire du bien à ses ennemis, le Christ n'a point condamné la peine de mort comme opposée à la justice.

(1) Cicéron (*Philippique* VIII, v) expose très-bien les deux opinions sur la peine de mort :

« Hoc interest inter meam sententiam, et tuam : ego nolo quemquam civem committere, ut morte mulctandus sit : tu, etiam si commiserit, conservandum putas. In corpore si quid ejus modi est, quod reliquo corpori noceat, uri' secarique patimur ; ut membrorum aliquod potius, quam totum corpus intereat : sic in reipublicæ corpore, ut totum salvum sit, quidquid est pestiferum amputatur. Dura vox. Multo illa durior : salvi sint improbi, scelerati, impii ; deleantur innocentes, honesti, boni, tota respublica. » (Voir aussi les *Catilinaires* IV, IV.)

Du haut de la Croix, il ne dit point à ses bourreaux : « Vous violez la loi éternelle, en m'infligeant le dernier supplice. » Il ne dit pas : « La société outre-passe ses droits en punissant de mort ces deux larrons crucifiés à mes côtés. » Il dit seulement : « Je suis innocent ! »

Il ne proteste pas contre le droit d'appliquer la peine : il proteste contre l'application inique de la peine ; ce qui est bien différent.

En tenant ce langage, le Christ donne une dernière et solennelle consécration à la loi dictée par son Père sur le mont Sinaï : « *Non ego veni mutare legem et prophetas, sed adimplere* (1). »

Ainsi Jésus-Christ, l'Évangile, les Pères de l'Église, conservateurs et interprètes de la parole divine, établissent une différence profonde entre les droits de l'homme et les droits de la société. A l'homme ils interdisent de se venger et de se faire justice à soi-même ; à la société ils interdisent la vengeance ; mais ils lui attribuent le pouvoir et l'obligation de rendre la justice.

(1) Saint Matthieu, chap. v.

Rappelons-nous d'ailleurs que la société est l'état naturel de l'homme, qu'elle n'est point le résultat d'une convention, et que Dieu, en créant l'homme, l'a instituée lui-même.

Or (remarquez comme toutes les questions se rattachent les unes aux autres), si la société est d'institution divine, si la loi pénale est nécessaire à son maintien comme au maintien de la justice, pouvons-nous lui contester le droit, je dirai même le devoir, de punir les coupables proportionnellement à leurs crimes ?

Et reconnaître ce droit dans l'incarcération et les travaux forcés, reconnaître que la société peut légitimement priver un de ses membres de sa liberté d'action et de la vie commune, n'est-ce pas s'interdire la faculté de l'attaquer, lorsqu'elle condamne un scélérat à monter sur l'échafaud ?

Je pose ce dilemme, selon moi, invincible : Ou la société a le droit de punir et, par conséquent, d'infliger aux plus grands crimes les plus grands châtiments ; ou elle n'a pas ce droit et, par conséquent, d'enfermer pendant sa vie entière, pendant une année, pendant une heure, celui qui a violé la loi.

Et, si j'ose dire toute ma pensée, il faut, l'hypothèse admise, remonter plus haut, tirer une dernière conséquence et attaquer la société dans ses fondements mêmes : la société, étant destituée de la puissance de punir, parce que toute punition est une intervention illégitime de tous dans la destinée de l'individu, doit être également destituée de la puissance de faire des lois, parce que toute loi est essentiellement une règle, une limite assignée à la liberté absolue, et encore une intervention de tous dans la destinée de chacun.

Pourquoi d'ailleurs la société établirait-elle des lois, si elle n'a pas la puissance de les faire observer ? et pourquoi ne pas imiter la hardiesse d'un célèbre sophiste et ne pas proclamer *a priori* l'anarchie absolue, c'est-à-dire la dissolution de la société ?

2e Point.

La peine de mort est-elle utile ?

A cette doctrine on peut faire et on a fait deux

objections. Comprenant qu'il est impossible d'insister sur l'injustice de la peine de mort et de nier le droit de la société, les adversaires ont soutenu, en premier lieu, que la peine capitale n'est pas la plus grande des peines, et n'est pas, par conséquent, proportionnée aux forfaits pour la punition desquels elle a été instituée, et, en second lieu, que les tribunaux se trompent quelquefois et commettent des erreurs irréparables.

Constatons d'abord que la question a changé de face : il ne s'agit plus du droit de châtier, mais de l'utilité et de l'efficacité du châtiment.

Ma réponse sera courte et tirée de l'étude du cœur humain.

Quel est, je le demande à tous ceux qui voudront parler consciencieusement, quel est le supplice le plus effrayant et par conséquent le plus terrible? C'est la mort.

A cette idée de mourir, je me sens glacé d'effroi; je sais bien que ma vie doit avoir un terme, mais j'évite d'y songer; je l'imagine dans un vague lointain, et je me persuaderais volontiers qu'il n'existera pas pour moi. Et s'il arrive que des pertes douloureuses m'avertissent de ma fragilité et de mon inévitable fin, je me complais dans l'ignorance de mon heure fatale, je cherche des images plus riantes, je me sens heureux de vivre.

Mais quelle ne serait pas ma douleur, quel ne serait pas mon désespoir si, à un moment donné et connu à l'avance, il fallait mourir ! et de quelle mort ? Non pas de la mort de l'homme vertueux, à qui l'estime de tous, la tendresse de ses proches et la conscience d'avoir bien vécu donnent du courage en cet instant suprême, et duquel on a dit :

« La mort du juste est un baiser de Dieu (1) ! »

mais de la mort épouvantable du criminel, qui se sent abandonné de tous et de lui-même, et dont la conscience, d'accord avec la justice sociale, crie : Tu l'as bien mérité !

Qu'on se représente la terreur éprouvée par le condamné, lorsqu'un messager sinistre lui signi-

(1) ZOHAR, cité par M. Franck dans son livre de la *Kabbale*.

fie qu'il va dans quelques heures, lui qui est plein de force et de santé, cesser de vivre et comparaître devant le Juge qu'on ne trompe pas; et, laissant de côté les lieux communs sur les tortures d'un châtiment prolongé, d'une détention perpétuelle ou de la déportation dans un pays lointain, on reconnaîtra que la mort est le supplice le plus grand qu'on puisse infliger au crime le plus grand.

Quelques criminels ont préféré la mort à la réclusion ou aux galères; d'autres se sont pendus dans leur prison pour se dérober à la honte d'une peine publique; je le sais, mais je parle du sentiment de l'humanité, de la règle et non des exceptions.

La peine de mort est le plus grand des châtiments; elle est, en outre, l'épouvantail le plus efficace. Elle seule rassure la société attaquée; elle seule, présentée comme une menace, prévient les agressions de ceux qui ont perdu le sens moral. Les plus pervers la craignent et cherchent les moyens d'y échapper.

Combien de coupables qui, avant de commettre

un crime, en ont calculé la portée et les suites! Habiles criminalistes, ils ont parcouru les degrés de la pénalité et se sont déterminés après. Quel châtiment auront-ils à subir si leur crime est découvert? la punition sera-t-elle perpétuelle ou temporaire? jouent-ils leur tête ou leur liberté seulement?

Cette considération exerce une grande influence, non pas peut-être sur celui qui éprouve une première tentation de mal faire, mais sur celui dont la révolte contre la société est permanente, et qui, habitué à violer la loi et méprisant la voix de la conscience, n'apprécie plus la valeur d'un acte que par ses conséquences.

La réclusion, les galères, la transportation même perpétuelle, laissent au condamné l'espoir de l'évasion et quelquefois la criminelle pensée d'une vengeance à exercer contre ceux qui l'ont fait condamner ou contre les juges qui ont prononcé l'arrêt; elles lui laissent au moins cette croyance que, s'il se conduit bien, s'il se repent ou feint de se repentir, sa peine sera commuée (ce qui est à peu près certain) ; et le châtiment lui paraît moins redoutable. On s'échappe de toutes les prisons, de tous les bagnes, des îles les plus éloignées; mais, selon le proverbe, les morts ne reviennent pas.

Mais la société, dira-t-on, commet un acte de lâcheté en frappant un ennemi désarmé. Elle exerce sa vindicte avec une lenteur cruelle, elle se venge, et agit comme un homme qui savoure le plaisir des représailles. C'est pitié de voir ce duel inégal d'un seul contre tous, cet accusé sans défense, ce jugement prononcé de sang-froid, et cette multitude se ruant au spectacle de l'échafaud avec plus d'ardeur qu'aux représentations de la scène, dévorant des yeux avec une féroce curiosité ce moribond qui se débat avec le bourreau, et revenant de là non pas corrigée, mais familiarisée avec l'effusion du sang, et disant peut-être après l'exécution : Ce n'est que cela !

Je ne répondrai point à cette dernière partie de l'objection ; j'avoue que ce qu'on nomme le spectacle de l'échafaud pourrait être supprimé ; je crois qu'il suffirait, sans convier la foule, de publier l'arrêt et de l'exécuter devant les juges seuls. Le mystère ou du moins le huis-clos ne serait pas moins effrayant que la publicité, et l'on empêcherait ainsi une curiosité immorale. Mais je repousse de toutes mes forces l'accusation élevée contre la société ; je nie qu'elle se venge. Pour le prouver, j'emprunte les arguments mêmes de nos adversaires :

Cette lenteur, cette procédure minutieuse, protectrice de l'accusé, cette défense libre, ces débats publics, ce pourvoi en Cassation démontrent admirablement que la société est un juge qui prononce et non un furieux qui se venge.

L'institution du recours en grâce est une marque qu'elle cherche tous les moyens pour sauver l'accusé, qu'il lui en coûte d'en venir à ces extrémités et qu'elle tiendra compte de la moindre circonstance favorable. Le délai qui s'écoule entre l'arrêt et l'exécution de l'arrêt est une autre marque du désir où elle est de voir le coupable repentant, tandis que lui, il a frappé sa victime sans la prévenir, sans lui laisser le temps de se mettre en état de comparaître devant Dieu !

Autrefois, lorsque la peine capitale était précédée et souvent suivie de la torture et de ses horribles supplices, qui révoltent les sens et le cœur, on pouvait, non sans quelque vraisemblance, assimiler la société à un ennemi furieux et cruel qui se venge, quoique, en réalité, elle ne fît, comme on l'a fort bien remarqué, que punir selon ses mœurs. Mais aujourd'hui, du moins dans notre France, cette assimilation n'est pas fondée.

Cependant, dit-on en dernier lieu, le juge peut se tromper. Un innocent mis à mort, n'est-ce pas un malheur irréparable ? n'est-ce pas un crime réel commis pour punir un crime apparent? Hommes, qui ne voyez que les apparences, qui ne pouvez sonder les cœurs, ne tuez pas vos frères; car, plus tard, après avoir reconnu l'iniquité de vos jugements, vous ne sauriez ressusciter vos victimes. Que la possibilité d'une erreur sans retour vous arrête au moment où vous allez prononcer un arrêt de mort !

Je reconnais que cette méprise du juge est poignante et pour l'accusé et surtout pour le juge. Je reconnais que, s'il y a le moindre doute sur la culpabilité [1], il faut acquitter et préférer l'excès du scrupule à la possibilité d'une injustice. Mais ici j'ajoute, avec l'assurance d'une foi que rien ne ferait chanceler : Il y a une vie future ; les tribunaux humains ne sont pas sans appel, et le Dieu qui ouvre ses bras au criminel repentant tiendra compte de son martyre supporté avec résignation à l'innocente victime d'une fatale erreur.

La vie future, voilà le complément indispensable de la vie présente ; la justice divine, voilà le

(1) Je n'ai jamais compris la conduite de certains jurés. Ils estiment qu'un crime, le meurtre prémédité par exemple, mérite la mort. Mais ont-ils un doute sur la culpabilité de l'accusé, ils se bornent à déclarer qu'il y a des circonstances atténuantes en sa faveur. Ainsi, dans l'incertitude, ils envoient un homme aux galères ou à Cayenne, au lieu de l'envoyer à l'échafaud. Singulier expédient imaginé par eux pour éviter l'excès d'indulgence et l'excès de sévérité ! Comme s'il était moins odieux de dépouiller injustement ou à la légère un de nos semblables de son honneur et de sa liberté, de le vouer à une ignominie qui doit durer autant que sa vie, que de lui enlever cette vie ! Comme si, dans le doute, on avait le droit de condamner à une peine plutôt qu'à une autre !

Je me souviens d'un verdict célèbre rendu il y a quelques années, où le jury, tout en reconnaissant une femme coupable d'avoir empoisonné son mari *pendant six mois consé-*

tribunal de cassation qui donne du courage à tous ceux qui sont condamnés injustement, à tous ceux qui souffrent une peine qu'ils n'ont pas méritée.

Vie future, justice divine... Effacez ces deux idées du cœur de l'homme, et puis constituez une société, faites des lois, parlez de devoirs, de vertus, de dévouement et de sacrifice, et cherchez quelqu'un qui vous comprenne !

Sans ces deux idées, vous ne pourrez fonder rien de durable. Sans ces deux idées, vos lois et vos tribunaux seront aussi injustes que dérisoires.

En résumé, cette dernière objection ne prouve rien, sinon le scepticisme religieux de nos adversaires.

cutifs, c'est-à-dire d'avoir été homicide autant de fois qu'il y a de jours dans cet espace de temps, déclara qu'il y avait des circonstances atténuantes ! Circonstances introuvables, mais dont l'admission est, à mon sens, la preuve qu'un doute, très-léger peut-être, était au fond du cœur des jurés.

D'autres juges n'ont recours aux circonstances atténuantes que pour éluder une loi qui leur paraît injuste, parce qu'elle attribue aux tribunaux des droits qu'ils n'ont pas. Ce sont ces juges que j'ai essayé de convertir dans ce chapitre. J'ai exposé leurs raisons et leurs scrupules, et montré qu'ils n'étaient pas fondés.

Si les hommes pouvaient commettre des erreurs irréparables, c'est-à-dire s'il n'y avait ni Dieu, ni vie future, la loi positive, et par suite la loi pénale, qui en est la sanction, serait destituée de toute autorité, de tout sens moral.

La possibilité de l'erreur étant admise comme un argument invincible contre la peine de mort, on doit logiquement abolir toute espèce de peine et tous les tribunaux criminels; car la possibilité de l'erreur prouve contre le droit de punir aussi bien dans un cas que dans l'autre. Que dis-je? cet argument a une portée immense; qu'on l'admette dans toute sa rigueur, et la justice civile n'a pas plus de raison d'être que la justice criminelle.

CHAPITRE XVI.

Suite du précédent.

La peine de mort est juste, et la société a le pouvoir de l'infliger; voilà pour le droit.

Maintenant, qu'il nous soit permis d'exprimer une espérance qui nous rapproche de nos contradicteurs : C'est que progressivement, et grâce au développement de la civilisation et de l'influence chrétienne, les mœurs s'adouciront, les crimes qui entraînent l'application de la peine capitale deviendront de plus en plus rares.

Déjà nous sommes bien éloignés de ces siècles de fer où le législateur s'ingéniait à trouver des supplices atroces (la croix, la roue, les bêtes, le feu, etc.), où les barbares raffinements de la loi pénale faisaient croire, non pas à la justice, mais à la vengeance sociale. Déjà la torture, cette horrible épreuve qui, selon l'expression de Beccaria, cherchait le degré de douleur qui obligeât l'accusé de s'avouer coupable d'un crime donné; la torture, qui plaçait l'innocent dans une position pire que celle du coupable, et qui souvent amenait la condamnation de l'innocent faible de corps et l'absolution du scélérat robuste; déjà la torture, dis-je, a été effacée du code français qu'elle déshonorait; déjà sont à peu près tombés sous les coups du mépris et de l'indignation publique les tribunaux d'exception, qui, « quelque nom qu'on leur donne, sous « quelque prétexte qu'on les institue, doivent être « regardés comme des tribunaux de sang [1]. »

L'éloquente recommandation du chancelier d'Angleterre a été entendue dans tous les pays civilisés: « Point de rubriques de sang; qu'on se garde bien « de prononcer, dans quelque tribunal que ce

(1) BÉRANGER, *De la Justice criminelle en France*, titre Ier, chap. II.

« soit, sur les crimes capitaux, sinon d'après une « loi fixe et connue. Dieu commença par décerner « la peine de mort, puis il l'infligea. C'est ainsi « qu'il ne faut ôter la vie qu'à un homme qui a « pu savoir, avant de pécher, qu'il pécherait au « péril de sa vie (1). »

Déjà le nombre des lois pénales est considérablement diminué (2); déjà enfin, on a aboli la peine de mort en matière politique, et cette abolition me paraît profondément morale; d'abord, parce que celui qui est accusé d'un délit ou d'un crime politique n'est jamais assimilé par l'opinion, ni même par les partis opposés (excepté dans l'emportement de la lutte ou dans la première ivresse du triomphe),

(1) BACON, *de Augmentis*, page 429, trad. de M. Riaux.

(2) Bacon dit encore (p. 431, trad. de M. Riaux) : « Il pleuvra sur eux des filets, dit le Prophète; or, il n'est pas de pires filets que les filets des lois, surtout ceux des lois pénales, lorsque leur nombre étant immense (comme en Angleterre), et le laps de temps les ayant rendues inutiles, ce n'est plus une lanterne qui éclaire notre marche, mais un filet qui embarrasse nos pieds. »

Plus il y a de lois écrites, dit M. de Maistre dans ses *Considérations sur la France*, moins les mœurs sont bonnes.

à un scélérat ennemi de tout ordre social et de toute morale ; et ensuite, parce que cette abolition prévient les représailles des partis vainqueurs ([1]).

En des temps de changements et de révolutions, comprimés aujourd'hui une doctrine et un parti peuvent demain triompher momentanément : que pour verser du sang, ils n'aient pas même le prétexte de leurs martyrs qui demandent vengeance !

Terminons par une considération importante, ou plutôt par une critique de nos mœurs :

Le coupable a subi le châtiment déterminé par la loi ; il a purifié son âme par l'expiation et le re-

([1]) Il est bien entendu que, par ce mot *partis politiques*, je n'ai pas voulu désigner le grand parti du vol et du meurtre, lequel profite de tous les troubles sociaux pour accomplir ses attentats et qui déshonore par ses excès le drapeau (quel qu'il soit) sous lequel il s'abrite.

Ce qu'il y a de plus triste, et ce qu'on ne peut empêcher, c'est que les passions, dans leur aveuglement, confondent l'honnête homme égaré avec le bandit dont il est accompagné à son insu.

Dans la vie privée, la prudence commande d'éviter la société des méchants et des hypocrites ; il ne saurait en être autrement dans la vie politique. C'est là surtout qu'on doit redouter l'application de la maxime populaire : Dis-moi qui tu fréquentes, je te dirai qui tu es.

pentir. Que fait alors la société ? accueille-t-elle avec quelque pitié, avec un reste d'amour, ce malheureux qui revient dans le droit sentier ?

Non. Elle le repousse et l'accable de son mépris. Chacun fuit son approche comme celle d'un pestiféré. Pour lui l'atelier est fermé ; l'industrie privée ou publique n'a pas de travail à lui donner ; il est abandonné de tous.

Cette conduite est barbare. Le retour au bien doit être encouragé ; le criminel qui a été puni et qui se repent cesse d'être criminel. C'est l'enfant prodigue qui revient à la maison paternelle.

Je ne demande pas de le regarder comme s'il avait toujours été innocent : après l'amputation, le corps est redevenu sain, mais il est mutilé.

Cependant, de grâce, ne repoussez pas durement ce malheureux qui vous tend la main ; ne le repoussez pas, car le désespoir est un mauvais conseiller.

CHAPITRE XVII.

Du Gouvernement.

La mission du gouvernement est de faire respecter la loi, et d'améliorer, autant que possible, la condition morale et matérielle du plus grand nombre.

En d'autres termes, gouverner c'est essayer d'établir dans les affaires humaines cette harmonie de la justice et de l'utilité, de la liberté et de la règle, que l'on appelle l'ordre, et que l'on remarque dans l'administration de Dieu.

La fin de la société, comme celle de l'individu, n'est point de vivre, mais de se perfectionner (*c*);

(*c*) Voir la note troisième, à la fin du volume.

et le gouvernement, quelle que soit sa forme, n'est institué que pour seconder, accélérer et régler le mouvement de la société. Son action est nécessaire ; car, outre qu'il est le bras de la loi et qu'en assurant son exécution il la rend efficace, il personnifie toutes les forces, toutes les volontés, toutes les intelligences, et leur donne ce sans quoi elles ne seraient rien : l'Unité.

L'anarchie, ou la cessation momentanée de l'action gouvernementale, c'est le désarmement de la loi et, en même temps, le désordre dans les esprits ; c'est le champ librement ouvert aux mauvaises doctrines, qui n'attendent que l'heure favorable pour se traduire en mauvaises actions.

Aux jours d'émeute, lorsque l'action gouvernementale est suspendue, les lois perdent leur empire ; la vie, la propriété, la famille, et la liberté des citoyens ne sont plus protégées que par les citoyens eux-mêmes, et chacun se met au lieu et place de la loi impuissante et de la force publique dispersée ou occupée ailleurs.

En ces jours de trouble et de confusion, on voit

surgir (surtout à Paris), sans savoir quels ils sont, d'où ils viennent et comment ils sont réunis, une foule étrange d'hommes au visage cynique et menaçant. Ils se précipitent avec rage au milieu de la mêlée; ils provoquent, ils excitent à la violence, ils ne reculent devant aucun obstacle et devant aucun crime. Puis, lorsque l'émeute est comprimée ou que, victorieuse, elle est glorifiée sous le nom de révolution, lorsqu'un nouvel état de choses se fonde, ces terribles inconnus disparaissent, laissant après eux un long effroi dans l'âme des vaincus et des vainqueurs. Ils disparaissent pour revenir en des jours semblables, car ils sont les auxiliaires mystérieux et fidèles de tous ceux qui, à tort ou à raison, attaquent les gouvernements établis ([1]).

Voilà les tristes conséquences de l'anarchie; je n'ai pas besoin d'insister.

Exécuteur de la loi, le gouvernement en est,

([1]) Pour se faire une idée des perturbations qui accompagnent l'anarchie, on n'a qu'à relire les lignes célèbres que le cardinal de Retz écrivait à propos des barricades du 27 août 1648 : « On cherche en s'éveillant, comme à tâtons, les lois; on ne les trouve plus, etc. »

d'une certaine manière, le véritable auteur ; car c'est lui qui la prépare, qui la propose, qui demande qu'elle soit corrigée ou abolie. Il a l'initiative, puisqu'il est formé des hommes réputés les premiers en lumières et en vertus.

Il doit surtout marcher en avant ; et, dans la voie des réformes utiles, il est presque aussi funeste pour lui d'être devancé par l'opinion publique que de lui résister. Cependant lorsque l'opinion publique n'est qu'une impression mobile, comme chez certains peuples, le gouvernement doit l'éclairer, la régler, la discréditer au besoin par la discussion, lui résister même s'il le faut, mais sans violence, comme on résiste aux enfants capricieux et entêtés. Savoir préférer le devoir à la popularité, voilà la plus grande et la plus rare des vertus politiques.

La loi de la société est incontestablement le progrès ; mais le progrès durable, le progrès vrai, particulièrement en politique, demande patience et longueur de temps. Les changements les plus désirables sont nuisibles, s'ils ne sont accomplis avec mesure et précaution. Ils sont nuisibles, parce que, à leur suite, la société, comme un coureur essoufflé, au lieu de marcher devant elle, s'arrête, puis revient sur ses pas, ou meurt.

Le gouvernement est, selon la belle image de Platon, comme un pilote qui guide la marche du vaisseau, ayant pour charge d'éviter les écueils contre lesquels le navire, les passagers et lui-même iraient se briser, et de les conduire tous au port. Et ici le port, c'est la fin voulue par Dieu.

CHAPITRE XVIII.

—

Du Gouvernement. (Suite.)

Il faut un gouvernement, tout le monde le reconnait ; mais quelle est la meilleure forme de gouvernement? Question nouvelle, que les publicistes de tous les partis posent et résolvent de diverses manières ; les uns s'appuyant sur un raisonnement abstrait et indépendant de l'expérience, les autres ne consultant que l'expérience du passé et ne tenant aucun compte du progrès des idées ni du raisonnement.

Je dirai franchement ma pensée : une telle question, ainsi posée, en termes absolus, est insoluble et même absurde.

En effet, ce qui est humain est toujours imparfait et n'a qu'une valeur relative, surtout en matière de gouvernement. Telle forme qui convient ici ne vaudrait rien ailleurs; telle institution florissante chez un peuple voisin ne saurait être importée dans notre patrie. Il faut avoir égard au temps, au lieu, à l'étendue, au génie et aux mœurs de chaque nation ([1]).

Je comparerais volontiers, si je l'osais, le gouvernement à un vêtement dont la forme varie avec l'âge et le développement de l'individu : l'essentiel est qu'il aille bien.

Il n'est peut-être pas difficile de tracer sur le papier une magnifique théorie dont toutes les parties s'ajustent ensemble et qui réjouit son auteur par ses proportions et son éclat. Mais le point délicat (et dont on ne s'occupe guère), c'est de passer de la théorie à la pratique, c'est de mettre en ac-

([1]) Cicéron me paraît être de cet avis: « Quum quæritur, qui sit optimus reipublicæ status, quæ leges, qui mores aut utiles, aut inutiles, principes statuent, et delecti viri, periti rerum civilium. » (*de Div. II. 4.*)

tion et d'appliquer aux hommes, c'est-à-dire à des êtres passionnés, mobiles et libres, le beau système qu'on a conçu.

Et encore il ne s'agit pas ici d'une doctrine morale, dont l'essence est d'être immuable et absolue, mais d'une doctrine politique, d'une question de forme qui ne saurait jamais être résolue d'une manière définitive et pour tous les peuples ; car la morale est la même pour l'humanité entière, et ne souffre pas d'exceptions ni de dérogations : tandis que la politique, en ce qui touche la forme de l'État, est essentiellement variable et doit l'être.

Ne pourrait-on pas adresser à ces philosophes systématiques (et quel parti n'a les siens?) qui, abstraction faite des peuples et de leur condition intellectuelle et morale, proclament telle forme de gouvernement comme étant la meilleure ou plutôt la seule bonne (et pour les uns, c'est la république démocratique ; pour les autres, c'est la monarchie absolue ; pour ceux-ci, c'est un moyen terme entre les deux premières formes) ; ne pourrait-on pas leur adresser ces sages paroles de Socrate au

Rhéteur : « Tu as fait une belle harangue, ô Lysias, mais elle ne me convient pas. Pourquoi en es-tu surpris ? Des chaussures bien faites prouvent le talent de l'ouvrier, mais elles ne vont pas à tous les pieds [1] ! »

Vous demandez quelle est la meilleure forme de gouvernement ? je réponds naïvement :

La meilleure forme de gouvernement est celle qui, dans un temps donné et pour un peuple déterminé ; assure le mieux le respect de la justice et de la dignité humaine [2].

Ainsi, dire que le gouvernement, quel qu'il soit, ne peut avoir qu'une valeur relative, ce n'est pas faire une profession d'indifférence sur la forme, ce n'est pas méconnaître l'utilité de l'harmonie entre l'état moral des citoyens et les institutions qui les régissent ; c'est déclarer qu'au-dessus de la

(1) Xénophon, *Entretiens mémorables.*

(2) Id tenetote, nisi æquabilis hac in civitate compensatio sit et juris, et officii, et muneris, ut et potestatis satis in magistratibus, et auctoritatis in principum consilio, et libertatis in populo sit, non posse hunc incommutabilem Reipublicæ conservari statum. » (CIC. *de Rep. II.* 33.)

forme du gouvernement, il y a quelque chose que l'on ne peut suppléer et sans quoi tous les gouvernements n'ont ni force ni durée : le respect de la justice et de la dignité humaine ([1]).

([1]) Je ne parle pas du bien-être : c'est, dans la société, une conséquence naturelle du respect de la liberté et de la justice. « Le juste contient l'utile. » (PLATON, dans le *Gorgias* : CICÉRON, dans le *Traité des devoirs*.)

CHAPITRE XIX.

—

De la Religion. — Sans elle, les lois et le gouvernement sont impuissants.

Imaginons une réunion d'hommes, ayant un corps de lois, reconnaissant une autorité chargée d'en assurer le respect, sachant enfin ce qui leur est imposé, ce qu'ils ont le droit d'attendre et à qui ils doivent obéir : cette réunion d'hommes, établie uniquement sur ces deux principes, formera-t-elle une véritable société, une société solide et durable ? en d'autres termes, le code et le gouvernement suffiront-ils à la constitution d'un peuple ou d'une nation ?

L'histoire, interrogée sincèrement, répond qu'il

n'en a jamais été ainsi; que partout on a reconnu la nécessité d'un autre principe, sans lequel les deux autres, quelque indispensables qu'ils soient, seraient impuissants et stériles; que, dans tous les temps et chez tous les peuples (sans en excepter ces peuplades sauvages et barbares que Rousseau nous présente comme des modèles à suivre), il y a eu un culte consacré, un ensemble de dogmes, une religion; et que certaines nations même ont confondu, dans une indivisible unité, ces deux choses si diverses, la Religion et l'État (1).

L'histoire dira encore qu'en des temps plus rapprochés de nous, dans le dernier siècle, une révolution dont les commencements furent purs de tout excès, mais qui malheureusement substitua bientôt à l'idée heureuse et féconde une idée qui en est la négation (2); que cette révolution, dis-je, après

(1) On pourrait citer les Hébreux, les Egyptiens, les Grecs et les Gaulois; on pourrait rappeler la condamnation de Socrate qui avait, disait l'accusateur, attaqué les lois de la République en attaquant les dieux reconnus par la République.

(Voir D. LAERCE, *vie de Socrate.*)

(2) Consultez LAFERRIÈRE, *histoire des Principes, des Insti-*

avoir renversé les autels du Christ, après avoir immolé, banni ou violenté les prêtres, reconnut la nécessité d'une foi religieuse et institua un culte nouveau, le culte de la déesse Raison.

Réaction singulière [1], je l'avoue, mais qui prouve que le besoin de croire, d'aimer et de prier en commun est indestructible, et que l'homme est ingouvernable sans l'intervention de Dieu.

Quelle que soit l'excellence de ses lois et de son gouvernement, quelque élevée que soit la philosophie régnante, la nation ou la société qui ne croit plus se dissout, et sa mort est inévitable et prochaine (*d*).

La philosophie est assurément une noble science, elle exerce une incontestable influence sur les mœurs, mais elle n'a pas la vertu d'unir les âmes. « Son

tutions et des Lois pendant la Révolution française. Ce savant jurisconsulte établit avec force ces deux points.

(1) La restauration religieuse imaginée par le Directoire nous fait songer à la confession d'Augsbourg, où les réformateurs qui avaient nié l'infaillibilité de l'Eglise proclament leur propre infaillibilité et excommunient tous ceux qui *protesteront* contre leur symbole.

(*d*) Voir la note quatrième, à la fin du volume.

vice radical, c'est de ne pouvoir parler au cœur. Or, l'esprit est le côté partiel de l'homme ; le cœur est tout... Aussi la religion, *même la plus mal conçue*, est-elle infiniment plus favorable à l'ordre politique et plus conforme à la nature humaine en général que la philosophie, parce qu'elle ne dit pas à l'homme d'aimer Dieu de tout son esprit, mais de tout son cœur : elle nous prend par ce côté sensible et vaste, qui est à peu près le même dans tous les individus, et non par le côté raisonneur, inégal et borné qu'on appelle esprit.

« C'est une chose digne de remarque que, partout où il y a un mélange de religion et de barbarie, c'est toujours la religion qui triomphe ; mais partout où il y a mélange de barbarie et de philosophie, c'est la barbarie qui l'emporte. En un mot, la philosophie divise les hommes par les opinions, la religion les unit dans une même foi (1). »

La religion est plus puissante que les institutions humaines ; elle leur donne une autorité qui leur

(1) RIVAROL, *Pensées diverses*.

manquerait sans son secours. « La religion, même fausse, dit un profond penseur, est le meilleur garant que les hommes puissent avoir de la probité des hommes [1]. »

« Les principes du christianisme, bien gravés dans les cœurs, seraient infiniment plus forts que ce faux honneur des monarchies, ces vertus humaines des républiques, et cette crainte servile des États despotiques [2]. »

Ainsi la religion assure l'obéissance de l'homme et du citoyen, parce qu'elle assure l'obéissance du croyant. Ce qu'il y a de juste dans la loi positive qui menace et punit, elle le conseille et le persuade, en rappelant une menace et une punition plus terribles, et une infaillible justice à laquelle on ne peut échapper ; « et sa force principale vient de ce qu'on la croit, tandis que la force des lois humaines vient de ce qu'on les craint [3]. »

Enfin, ce qui fait la supériorité de la religion

(1) MONTESQUIEU, *Esprit des lois*, liv. XXIV., ch. VIII.

(2) MONTESQUIEU, *Esprit des lois*, liv. XXIV., ch. VIII.

(3) MONTESQUIEU, *Esprit des lois*, liv. XXVI., ch. II.

sur les lois, « c'est que la nature des lois humaines est d'être soumise à tous les accidents qui arrivent, et de varier à mesure que les volontés des hommes changent. Au contraire, la nature des lois de la religion est de ne varier jamais. »

« Les lois humaines statuent sur le bien, la religion sur le meilleur. Le bien peut avoir un autre objet, parce qu'il y a plusieurs biens : mais le meilleur n'est qu'un, il ne peut donc pas changer (1). »

Je ne saurais trop insister sur la nécessité de la religion. Le plus grand malheur n'est pas tant de croire une erreur que de ne rien croire.

Ce pauvre sauvage qui, dans sa foi naïve et grossière, se prosterne devant un fétiche, m'inspire plus de confiance et de sympathie que l'incrédule savant et fier de son indifférence.

Je n'hésiterais pas, s'il fallait choisir, à commettre mes biens, ma vie et mon honneur à l'humble adorateur d'un morceau de bois ou de pierre. Sa re-

(1) MONTESQUIEU, *Esprit des lois*, liv. XXVI., ch. II.

ligion me serait une garantie de sa fidélité, car il n'y a pas de religion qui soit douce aux méchants et qui n'enseigne un jugement ultérieur.

Mais quelle caution aurai-je de l'honnêteté d'un impie? par quoi sera-t-il arrêté, s'il a envie de me dépouiller, de me tuer, et d'outrager ma femme ou ma fille.

Par la crainte des dieux? Mais il fait profession de n'y pas croire.

Par la conscience? Mais la conscience pour l'athée n'a aucune autorité, aucune raison d'être, aucun droit d'être écoutée: elle est un non-sens.

Par les lois? Mais il y a dans le monde des hommes qui ont commis des crimes et qui n'ont jamais été condamnés. Habiles interprètes du code pénal, ils savent comment il faut s'y prendre et jusqu'où il faut aller pour n'être pas atteints par la main de la justice. Ils éludent la loi au moyen de la loi elle-même ; ils glissent entre ses articles : ils se font un bouclier des formes de la procédure, de ces formes qui n'ont été instituées que pour la protection de l'innocence et du bon droit. Le juge est convaincu de leur indignité, et il ne peut les frapper. Ils restent impunis.

Rien ne saurait donc nous assurer des incrédules : ni la crainte d'un arrêt ultérieur, ni la conscience, ni la loi.

Lorsque Voltaire et les encyclopédistes se liguent pour attaquer le Christianisme, ses dogmes et ses ministres ; lorsqu'ils s'efforcent, non pas de substituer à la Religion reçue une religion nouvelle, mais d'inspirer le mépris de toutes les religions, ils battent en brèche la société dans ses fondements. Ils feignent de ne pas comprendre qu'il est infiniment plus dangereux de n'avoir pas de croyances que d'avoir des croyances fausses et même absurdes. Apôtres de la tolérance, ils ne voient pas que leur conduite est le comble de l'intolérance. De quel droit viennent-ils enlever au chrétien ses espérances ou ses illusions, comme ils les appellent ironiquement ? qu'ont-ils à lui offrir en échange? qui remplacera *l'infâme* traînée dans la boue ?

Hélas ! ils n'ont rien à donner, et c'est ce qui fait leur crime. Ils n'ont rien à mettre en la place de ces superstitions qui les indignent et qu'ils poursuivent sans pitié, substituant à la persécution du fer et du feu la persécution, non moins odieuse, de la raillerie et du sarcasme.

Je conçois le missionnaire qui dit à l'Indien idolâtre : Brise ton fétiche, voici la Croix !

Mais lorsqu'on n'apporte ni la Croix ni même une idole, lorsqu'on n'annonce aucune bonne nouvelle, lorsqu'on n'est arrivé soi-même qu'à une négation, alors on commet une action mauvaise, en disant : Brise ton fétiche, et renonce à ta foi naïve !

Voilà, selon moi, la condamnation des philosophes du XVIIIe siècle : ils renversent pour renverser ; ils déclarent infâme la croyance de leurs pères ; et, en même temps, comme pour compléter leur œuvre de destruction, ils sont pleins d'égards, de ménagements et de sympathie pour le matérialisme et les écrivains effrénés qui le professent.

CHAPITRE XX.

—

La Religion seule peut commander la Charité.

Il y a eu, dans toutes les époques et singulièrement dans la nôtre, des esprits aventureux qui ont essayé de transformer l'homme et la société.

Ignorant la nature de celui qu'ils prétendaient rendre plus heureux et meilleur, ils l'ont imaginé non pas tel qu'il est, mais tel que, selon eux, il devrait être. Ils n'ont pas senti que les théories absolues doivent être corrigées par l'expérience, et qu'une vérité mal comprise est aussi dangereuse que l'erreur et se confond avec elle.

C'est ainsi qu'ils ont altéré les saints caractères du dévouement et de la charité, en voulant les rendre obligatoires. La charité et le dévouement, disons-le bien haut, doivent être libres, sinon ils cessent d'être. Ce qui en fait des actes sublimes, c'est qu'ils sont accomplis avec une entière indépendance. Le riche qui vient en aide à l'indigent, l'heureux du monde qui console celui qui souffre, la pauvre veuve qui donne son obole, ne nous inspirent tant d'admiration et de respect que parce qu'ils pouvaient agir autrement qu'ils ont agi.

Que la loi positive commande le sacrifice avec la menace d'un châtiment, et le sacrifice disparaît : l'abnégation de soi-même et l'héroïsme descendent au rang de la probité, et, où il y avait une inspiration généreuse et libre, je ne vois plus qu'une obéissance forcée.

Que la loi empêche de faire le mal, qu'elle protège chacun contre tous et tous contre chacun, c'est là, nous l'avons déjà dit, son but et son devoir ; mais qu'elle aille au delà, qu'elle contraigne à faire le bien, qu'elle ordonne à tous d'être des héros ou des saints, c'est un excès de pouvoir intolérable, et que Dieu, en nous créant libres, s'est interdit à lui-même.

Toutefois supposons qu'elle le fasse : qu'arrivera-t-il ? elle ne sera pas observée ; les prétextes ne manqueront point pour l'éluder et, si je ne m'abuse, le premier de ses effets sera d'étouffer dans les âmes le goût du bien et du plaisir délicieux que la vertu procure.

Le dévouement n'étant plus libre, je ne sais s'il y aura moins de malheureux, de pauvres et d'affligés, mais je suis presque assuré qu'il n'y aura plus de saint Vincent de Paul ni de sœurs de Charité.

Chose étrange, c'est au nom de la liberté qu'on a proposé l'établissement légal de cette servitude qui est la plus inique et la plus révoltante des servitudes ! Contre-sens analogue aux doctrines qui enseignent l'organisation forcée du travail, rendant ainsi odieuse l'association, qui est cependant excellente et féconde, pourvu qu'elle soit libre !

Mais ce que la loi ne peut commander sans être tyrannique, sans outre-passer ses pouvoirs et sans violer un droit sacré, la religion l'enseigne, le persuade, le fait aimer et pratiquer. Elle seule, par le pacifique empire qu'elle exerce, par ses promesses et ses enseignements, elle seule sait inspirer le sacrifice.

Mère des pauvres, des affligés, des petits enfants, de tous ceux qui sont faibles et de tous ceux qui souffrent, elle parle sans cesse pour eux, elle plaide leur cause en l'identifiant avec celle de Dieu. Elle touche les cœurs, sans heurter la raison par l'imagination d'un droit nouveau (*e*); elle poursuit l'égoïsme jusque dans ses derniers retranchements et l'invoque contre lui-même, lorsqu'elle montre que la grande affaire de cette vie passagère est de mériter une vie éternelle, et que l'on ne peut recevoir dans le ciel si l'on n'a pas donné sur la terre.

Notre religion a je ne sais quel merveilleux secret pour ramener à elle les plus endurcis, pour se faire obéir des plus rebelles aux commandements

(*e*) Voir la note cinquième, à la fin du volume.

de la loi. Tel qui refuse ou qui paie de mauvaise grâce l'impôt que la société réclame à juste titre comme une dette, ouvre bénévolement sa main à la religion qui lui demande ses épargnes comme un don volontaire.

Sa puissance est si grande, son appel est si bien écouté que la plupart des établissements de bienfaisance et des hôpitaux ont été fondés, sous ses auspices, par la charité des fidèles. L'État n'y aurait jamais suffi, non plus qu'au soulagement des infortunes cachées, qui sont peut-être les plus nombreuses et les plus poignantes; car l'État a d'autres charges, et son aumône n'est ni assez large ni assez délicatement offerte.

Enfin, qui a créé ces corporations dévouées à l'enseignement des enfants pauvres ou au soin des malades? qui décide ces saintes filles, quelquefois jeunes, belles, riches, d'une illustre naissance, à renoncer au monde pour se consacrer au ministère le moins envié? qui leur donne la force et le désir de vivre dans ces lieux nauséabonds où sont étalées toutes les misères humaines? qui inspire ainsi au sexe le plus faible le courage le plus sublime et la piété la plus infatigable? Ce n'est ni la loi, ni le gouvernement, ni même la philosophie (*f*), c'est la religion.

(*f*) Voir la note sixième, à la fin du volume.

CHAPITRE XXI.

La Religion seule adoucit la rigueur des inégalités naturelles et sociales, et désarme les passions.

Les hommes ne naissent point égaux : aux uns Dieu a donné la force, la beauté, l'esprit ; aux autres une constitution frêle, un corps difforme, une intelligence étroite : aux uns tout réussit, et ils ont, comme on dit vulgairement, de la chance ; aux autres tout semble tourner à mal, leurs vertus mêmes et leurs meilleures intentions.

A ces inégalités primitives viennent s'ajouter comme un douloureux complément les inégalités sociales. La naissance, la fortune, l'éducation établissent entre les divers membres de la grande famille humaine des lignes de démarcation aussi profondes et peut-être plus infranchissables que celles qui ont été tracées par la nature.

Or, ceux qui sont les plus mal partagés dans la répartition des faveurs de Dieu ou de la société, ceux qui voient à côté d'eux, au pouvoir des autres, les biens qu'ils n'ont pas et qu'ils convoitent avec d'autant plus d'ardeur qu'ils s'en exagèrent le prix véritable; ceux-là, c'est-à-dire le plus grand nombre, se trouvent malheureux. Ils seraient tentés d'accuser l'Auteur de toutes choses et de maudire les institutions qu'il a permises. Que dis-je? à un certain moment (que les pipeurs du peuple savent toujours saisir), la souffrance, le désespoir et l'envie arrivent à leur paroxisme, et la pensée de la révolte, longtemps contenue, éclate.

Le pauvre se dresse en face du riche et lui dit : Je veux mon heure de jouissance, dussé-je mourir après! et furieux il s'élance pour briser l'ordre établi. Il en veut surtout à la répartition inégale des biens de la terre, il l'estime souverainement injuste, et son rêve est, après avoir goûté un instant l'ivresse des riches, de revenir à une prétendue égalité primitive où il doit trouver le bonheur (g).

En ce moment, qui l'arrêtera? qui calmera cette colère aveugle et implacable? qui domptera cette force centuplée par la passion et continuellement ravivée par la misère? qui viendra en aide à la société menacée?

Invoquerez-vous les lois et le gouvernement?

Mais les lois et le gouvernement, impuissants à empêcher le mal, sont plus impuissants encore à y porter remède. La force? mais vous êtes en présence de la force la plus épouvantable, de la force du nombre et de la passion.

Qui appellerez-vous, qui vous entendra, qui donc vous sauvera? c'est la religion.

La religion prévient, le plus souvent, ces insurrections terribles, et seule, lorsqu'elles arrivent, lorsque le monde est ébranlé par elles, elle les apaise par les enseignements et par les espérances qu'elle

(g) Voir la note septième, à la fin du volume.

réveille. En levant sa main vers le ciel, elle fait plus que les lois, le gouvernement et l'armée.

Les malheureux écoutent sa parole : elle leur explique les inégalités primitives et sociales, en montrant qu'elles sont la double condition nécessaire à toute réunion d'êtres intelligents, passionnés et libres. Elle les fait accepter avec résignation, en instruisant les hommes de leur véritable destinée, qui n'est pas d'être heureux ici-bas, mais de mériter de l'être dans une autre vie.

Enfin, elle enseigne cette autre vie avec l'autorité d'une révélation divine, sans discuter, sans hésiter, sans laisser de prise au doute.

Elle ne nous dit pas, comme presque tous les philosophes : « La vie future est une sublime espérance : mais quelle sera-t-elle, quelle sera la durée des peines et des récompenses ? je l'ignore. »

Elle nous dit : « La vie future est certaine, et les méchants n'auront même pas le misérable refuge du néant. » Et elle détermine nettement le sort qui nous attend, selon que nous aurons bien ou mal fait. Elle va plus loin, elle promet la plus belle place dans le royaume des cieux aux pauvres, aux humbles, à ceux qui sont opprimés, à ceux qui sont insensés selon le monde.

Cette promesse formelle, cette assurance d'une récompense infinie pour l'épreuve vaillamment supportée, en imposant silence à l'envie, donne la paix à l'âme et une signification sublime à la douleur.

Les sophistes n'ignorent point cette vertu merveilleuse de la religion, et ne se font point illusion sur la puissance des dogmes qu'elle enseigne. J'en trouve la preuve dans leur conduite. Lorsqu'ils essayent de renverser ou de troubler la société, qu'attaquent-ils d'abord ? ils attaquent ces dogmes mêmes; ils cherchent à prouver que la croyance en Dieu, en l'immortalité de l'âme et en une vie meilleure n'est qu'un préjugé imaginé par la fourberie et répandu parmi les faibles, comme les pièces de fausse monnaie qu'on reçoit et qu'on transmet sans s'aviser de contrôler leur titre et leur valeur.

Ils comprennent bien que cette croyance est le

rempart de la société, qu'il faut la renverser à tout prix ou du moins la faire oublier, en offrant la jouissance présente que les hommes sont tentés de préférer, quelque éphémère qu'elle soit, au bonheur à venir. Ils savent qu'il faut la renverser, et qu'ensuite ils auront bon marché des lois et du gouvernement.

Que si on leur oppose la philosophie, ils sourient dédaigneusement, parce qu'ils ont appris qu'isolée, réduite à ses propres forces, elle est sans crédit auprès des masses (si elle ne marche pas à la suite d'Épicure), et que, surtout de nos jours, elle a les yeux tournés vers le passé plutôt que vers le présent.

Et puis, ne sont-ils pas eux-mêmes des philosophes et, ce qui vaut mieux à leur sens, des philosophes populaires, lus, compris et commentés par la multitude qui, généralement, n'aime pas la vraie science et préfère le charlatan de la foire à l'affirmation impudente, au médecin honnête et éclairé qui ne promet rien sans l'aide de la Providence.

Ils se sont approprié le mot fameux de Voltaire à ses disciples : « Écrasons l'infâme, et le reste viendra après. » Ici le reste est connu, c'est l'anarchie, le déchaînement et l'exploitation des mauvaises passions qu'on a allumées ; c'est le despotisme démagogique, despotisme hypocrite qui se présente sous les livrées de la liberté qu'il méprise et dont il n'a que faire.

A Dieu ne plaise que je considère la religion comme un instrument politique, comme un frein bon pour le peuple seulement ; ce serait la méconnaître et la dégrader. Mais je vois en elle le principe essentiel de la société, la sanction de toute loi équitable et l'auxiliaire constant de tous les pouvoirs honnêtes et soucieux de la dignité humaine.

Qu'on ne m'objecte pas les erreurs de quelques-uns de ses ministres ; qu'on n'énumère point ceux qui furent ambitieux et courtisans, ceux qui ont oublié les devoirs de leur saint ministère et abandonné le service du Roi des cieux pour le service des rois d'ici-bas. Ce serait une mauvaise manière de raisonner. Ce qui est vrai de quelques-uns ne prouve pas contre tous, et même est un argument en faveur du plus grand nombre. Et d'ailleurs, si de la méchanceté des hommes on concluait la méchanceté des doctrines qu'ils soutiennent, aucune vérité morale ou politique ne resterait debout, aucune institution ne saurait être défendue.

Si c'était ici le lieu, je pourrais montrer la religion chrétienne, car elle est pour moi la seule vraie, la seule qui ait des entrailles pour les malheureux, la seule qui ait compris la force et la faiblesse de l'homme, la seule qui réponde à toutes les questions non résolues par la philosophie, la seule qui parle à la fois à l'esprit et au cœur, et qui soutienne, sans être ébranlée, la double critique de la raison et du sentiment; si c'était le lieu, dis-je, je montrerais la religion opérant dans le monde, malgré toutes les persécutions (*h*), et seulement par les armes de la vérité, les révolutions les plus étonnantes et les plus radicales, régénérant une société corrompue,

(*h*) Voir la note huitième, à la fin du volume.

substituant à la morale sensualiste du paganisme la morale pure et élevée de l'Évangile, comprenant l'homme, ne l'imaginant ni trop grand ni trop abaissé, lui présentant ses passions comme ses adversaires et Dieu comme son meilleur ami, opérant enfin dans la condition civile et politique des individus certaines réformes profondes que le beau génie de Socrate et de Platon n'avait pas même pressenties, et préparant ainsi l'égalité devant la loi et la liberté de penser : glorieuses conquêtes dont nous avons hérité et que nos pères ont payées de leur sang, parce que, dans l'ivresse de la victoire, ils n'ont pas su s'arrêter, et parce qu'ils ont cherché à détruire en eux-mêmes cette foi qui est le lien des âmes et le principe de vie des sociétés modernes. Je montrerais aussi, si après le grand évêque de Meaux il était permis de toucher à ce beau sujet, qu'à la suite de toutes les crises sociales le sentiment religieux s'éveille plus énergique et plus vivace. Alors tous les hommes sentent plus fortement le besoin d'une croyance supérieure aux croyances politiques; tous les cœurs meurtris par la défaite ou par un triomphe chèrement acheté ne s'élèvent au pardon qu'après avoir fait ensemble une prière commune au pied de la Croix du Dieu miséricordieux, et l'Église reçoit dans son sein les vaincus et les vainqueurs, et ses plus douces paroles sont pour ceux qui ont le plus souffert.

CHAPITRE XXII.

Que si les lois et le gouvernement sont impuissants sans la Religion, celle-ci à son tour ne saurait les suppléer et n'aurait pas assez d'efficace.

Nous avons démontré que, sans le concours de la religion, les lois et le gouvernement ne suffiraient pas à l'établissement et au maintien de la société ; mais on se méprendrait étrangement si l'on admettait comme vraie l'hypothèse contraire, c'est-à-dire, une société exclusivement fondée sur la religion, où le prêtre étant tout à la fois ministre de Dieu, législateur et magistrat, les trois principes se retrouveraient sans doute, puisque chacun d'eux est nécessaire, mais le premier absorberait les deux autres.

Quelques peuples de l'antiquité ont subi cette formidable domination, et leur histoire n'inspire pas aux nations modernes le goût d'en essayer.

Un pouvoir illimité est toujours tyrannique, qu'il soit confié à un seul ou à plusieurs : il ne convient qu'à Dieu, parce que Dieu seul est parfait (1).

Mais revenons à notre sujet : nous soutenons que la religion isolée, destituée de l'appui des lois et du gouvernement, est incapable d'accomplir sa mission de paix, d'espérance et d'amour.

En premier lieu, la religion n'a d'efficace que sur ceux qui croient. Mais combien n'y a-t-il pas d'hommes qui malheureusement ne croient pas ou, ce qui est pire, qui vivent dans l'indifférence la plus profonde! Qu'il y ait un Dieu, une vie future, un jugement ultérieur, ils ne s'en inquiètent guère

(1) Le plus grand inconvénient du gouvernement théocratique, c'est d'amener tôt ou tard l'affaiblissement du sentiment religieux. Par une confusion fâcheuse, mais inévitable, on ne distingue pas le prêtre ministre de Dieu du prêtre homme d'État. Les erreurs, les contradictions et les abus du gouvernement politique sont attribués à la religion, et la défaveur de l'un réjaillit sur l'autre. Pour le vulgaire, l'homme et la doctrine sont une seule et même chose.

et agissent comme s'il n'y en avait pas. De tels hommes, s'ils sont arrêtés dans leur débordement, ne le sont assurément que par la crainte des châtiments afflictifs et infamants, inscrits dans la législation positive. Otez cette crainte, déchirez le code pénal, et voyez ce qui arrivera!

Allons plus loin : ceux qui sont incertains, et qui hésitent encore entre la foi et l'incrédulité, éprouvent une frayeur salutaire en songeant aux peines légales. Ces peines sont prochaines; on les voit appliquer tous les jours; les tribunaux et les cours d'assises présentent un spectacle imposant, sensible et fréquent. Qui n'a ouï parler d'un homme enfermé pendant quelques années, d'un autre qui a perdu pour toujours la liberté, d'un autre encore qui, jeune et vigoureux, a été de par la loi retranché du nombre des vivants?

Ce spectacle et ces récits touchent profondément et plus immédiatement que l'idée d'une justice future dont on n'a pas vu les marques avec les yeux du corps; car, selon l'expression populaire déjà citée, les morts ne reviennent pas.

Assurément, en y songeant avec attention, le tribunal où siége un Juge infaillible, qui connaît nos plus secrètes pensées, et qui rend un arrêt définitif, est bien plus redoutable que les tribunaux humains; mais on est souvent plus préoccupé de ce qui est plus prochain. Voilà ce qui fait la force de la loi, tout en prouvant nos faux calculs et notre courte vue. La religion ne parle pas à notre intérêt immédiat ; elle s'y prend de plus haut. C'est pourquoi les faibles et les ignorants, comme les incrédules, ne s'arrêtent pas à l'écouter.

On peut donc dire que, sans la loi et les utiles frayeurs qu'elle inspire, un grand nombre d'hommes seraient perdus pour la religion; le principal empêchement pour revenir à la vertu n'étant point l'horreur qu'on a pour elle, mais la honte de l'avoir trahie.

En second lieu, la religion réclame le concours des lois et du gouvernement, moins peut-être pour soulager les pauvres et les malheureux que pour prévenir la pauvreté et la souffrance.

Le propre d'une bonne organisation sociale, c'est

d'aller au-devant des causes de la misère. L'État, avec les immenses ressources dont il dispose, peut beaucoup : et c'est même l'honneur et la marque du progrès de la science gouvernementale dans les temps modernes d'avoir singulièrement amélioré la condition de la classe inférieure, et par conséquent d'avoir élevé les individus dont elle est composée.

Que l'on compare, pour s'en convaincre, la condition du plus grand nombre à Rome ou chez les Grecs avec la condition du plus grand nombre en France ou en Allemagne.

Nous ne sommes pas optimiste, nous ne croyons pas qu'on soit arrivé à la limite du progrès, nous sommes même convaincu que la destruction complète du paupérisme et de la douleur n'aura jamais lieu sur cette terre, et qu'elle n'entre pas dans les desseins de Dieu, mais l'amélioration nous paraît réelle et incontestable.

La religion a sans doute préparé, commandé même cet heureux changement (*i*); elle a eu l'ini-

(*i*) Voir la note neuvième, à la fin du volume.

tiative de ces grandes réformes sociales : qui oserait le nier ? mais seule, je le répète, elle n'aurait pu les accomplir : les hommes doivent s'aider en même temps que Dieu leur vient en aide.

CHAPITRE XXIII.

Résumé et Conclusion.

Ici finit notre travail : nous croyons avoir prouvé ce que nous voulions prouver, à savoir, que toute société repose sur trois principes : les lois, le gouvernement et la religion ; que ces trois principes sont distincts, mais inséparables, et qu'ils se prêtent un appui réciproque.

Si nous nous sommes arrêté plus longuement à l'étude de la loi, c'est que, selon nous, la plupart des erreurs répandues sur l'Etat, la liberté et l'égalité, ne sont que des conséquences d'une erreur plus générale sur la nature et l'objet de la loi.

Et si nous avons fait une part moins large à l'étude du gouvernement, c'est que nous avions à cœur d'éviter tout ce qui a rapport aux discussions de l'époque actuelle et de rester dans les régions pures et sereines de la philosophie.

D'ailleurs, pour un esprit droit, qui se se rend compte de l'institution des lois, qui a le double sentiment de la dignité humaine et de la nécessité d'un pouvoir fort et respecté, et qui comprend l'influence de la religion, la grande question de la conduite d'un État est tranchée, puisqu'il tient les principes essentiels de la société; et les autres questions n'ont qu'une importance secondaire, puisqu'elles ne peuvent être définitivement résolues.

Les idées que nous avons exprimées ne sont point nouvelles; il nous suffit qu'elles soient vraies, et, si nous avons réussi à les mettre en lumière, notre ambition est satisfaite.

Humble travailleur dans le vaste champ de la vérité, nous ne nous sommes pas senti assez fort pour marcher en avant, à la découverte de contrées inconnues; nous nous sommes borné à prendre possession, les titres en main, des biens que nos pères nous ont transmis, et à les défendre contre ceux qui voudraient nous les ravir.

NOTES ET ÉCLAIRCISSEMENTS.

Note première, chap. VII.

(*a*) Un publiciste contemporain s'est constitué le défenseur de la liberté absolue. L'essence de la liberté, dit-il, est de n'être bornée que par elle-même, et il conclut à l'abrogation de toute loi coërcitive. Il demande la liberté absolue de parler, d'écrire, de s'assembler, d'apprécier les personnes et les choses. Je suis surpris qu'il n'ait pas ajouté la liberté absolue d'agir, car je ne vois pas bien pourquoi cette liberté serait limitée.

Ce système, en apparence opposé au despotisme, en réalité y ramène par une autre voie. Je l'ai déjà prouvé, et je résume ma démonstration sous une forme logique :

La loi est, à la fois, une restriction et une protection du droit ou de la liberté. Proclamer la liberté absolue, c'est abolir la loi : abolir la loi, c'est déclarer l'indépendance complète de l'individu et ouvrir la lice entre les individus, puisqu'ils sont divers d'instincts, de passions et d'intérêts. La lice ouverte, qui décidera, sinon la force brutale, la force qui est essentiellement mobile, et qui ne connaît ni la justice ni le droit : despotisme de la force, suppression de la liberté.

Liberté et règle, voilà les deux lois de la société ; on ne peut supprimer l'une ou l'autre sans détruire la société ou la justice.

La grande affaire est de déterminer les limites, peut-être indéterminables d'une manière absolue, dans lesquelles doit se mouvoir cette liberté si belle et si dangereuse. Le progrès consiste, non pas à réaliser l'harmonie du droit et du devoir, mais à en approcher ; de même que, dans une autre partie de la constitution, le progrès consiste à établir l'accord entre l'individu et la société.

Qu'on nous permette de citer, comme un résumé fidèle de notre pensée, les lignes suivantes écrites à une autre époque :

« La liberté et l'égalité absolues étant incompatibles avec l'existence d'une société, les bornes imposées à la liberté et les fondements de la hiérarchie ont varié et varient avec les temps, les peuples, les pays, les mœurs et les constitutions.

L'histoire des nations n'est même, à rigoureusement parler, que l'histoire de ces changements. Il n'entre pas dans ma pensée de vous peindre le tableau de l'humanité aspirant toujours au progrès, toujours se perfectionnant, tendant sans relâche, soit par l'effort lent des siècles, soit par le brusque choc des révolutions, à réaliser ce magnifique idéal d'une société où l'ordre et la liberté sont unis, où l'égalité morale est reconnue, le pouvoir respecté, où, enfin, l'État n'est pas sacrifié à l'individu, ni l'individu à l'État. » (Extrait d'un discours prononcé le 11 août 1849.)

Note deuxième, chap. VII.

(*b*) Je ne puis m'empêcher de citer ici ce beau passage de Cicéron, qui a été conservé par Lactance. (*Div. Inst.*, lib. VI.)

« Il est une loi vivante, une raison droite, convenable à notre nature, répandue dans tous les esprits : loi constante, éternelle, qui par ses préceptes nous dicte nos devoirs, qui par ses défenses nous détourne de toute transgression ; qui, d'un autre côté, ne commande ou ne défend pas en vain, soit qu'elle parle aux gens de bien, soit qu'elle agisse sur l'âme des méchants ; loi à laquelle on ne peut en opposer aucune autre, ou y déroger, et qui ne peut être abrogée. Ni le sénat, ni le peuple n'ont le pouvoir de nous affranchir de ses liens, elle n'a besoin ni d'explication, ni d'un autre interprète qu'elle-même; loi qui ne sera jamais différente à Rome, différente à Athènes, autre dans le temps présent, autre dans un temps plus reculé; loi unique, toujours durable et immortelle, qui contiendra toutes les nations et tous les temps. Par elle il n'y aura jamais qu'un maître ou un docteur commun, un roi ou un empereur universel, c'est-à-dire Dieu seul. C'est lui qui est l'inventeur de cette loi, l'arbitre, le véritable législateur. Quiconque n'y obéira pas se fuira lui-même, méprisant la nature de l'homme, et, par cela seul, il sera livré aux plus grands tourments, quand même il pourrait éviter ceux qu'on appelle des supplices. »

Note troisième, chap. XVII.

(*c*) La fin de la société, comme celle de l'individu, n'est point de vivre, mais de se perfectionner. C'est ce qui explique l'agitation naturelle des hommes et leur aspiration incessante à une condition meilleure.

A ceux qui déclament contre la liberté, qui voudraient l'anéantir dans ses manifestations extérieures, parce qu'elle a des inconvénients et qu'elle tombe en des excès condamnables, à ceux-là on pourrait dire : Vous blasphémez Dieu, et vous ne comprenez pas le sens de la vie humaine. Vous blasphémez Dieu en lui reprochant de vous avoir faits libres ; vous ne comprenez pas le sens de la vie humaine, puisque vous ne voulez pas qu'elle soit un combat, une lutte perpétuelle de la passion et du devoir. Et la vie sociale, la vie collective, qu'est-elle, sinon la vie de tous les individus et par conséquent l'image de la vie individuelle agrandie?

« L'immobilité dans le monde, monde physique, monde moral, c'est la mort. Et tout ce que vous rendez immobile, vous le rendez mort. Vous tuez jusqu'à la physionomie que votre crayon prive du mouvement pour en fixer les traits ; et ce que vous fixez, ce que vous rendez immobile, c'est une ombre de ce qui est plein de vie et de mouvement, c'est-à-dire plein de modifications, quand il est lui-même. » (MATTER, *des Lois*, etc.)

Note quatrième, chap. XIX.

(*d*) « Ce qui a le plus contribué, dit Polybe, à donner aux Romains la supériorité sur les autres peuples, c'est l'opinion qu'ils ont des dieux. Ce zèle trop ardent pour la religion, que l'on considère comme un défaut, est, à mon sens, ce qui a soutenu la république romaine. Le sentiment religieux a acquis une telle influence sur les affaires publiques et privées des Romains, que cela passe tout ce qu'on peut imaginer.... Ce n'est pas sans de graves raisons que les anciens ont inculqué au peuple ces notions des dieux et du supplice des enfers.

« L'on a grand tort dans notre siècle de repousser ces croyances; car, sans parler des autres suites de l'irréligion, chez les Grecs, par exemple, confiez un talent à ceux qui manient les deniers publics, en vain vous prenez dix cautions, autant de promesses, deux fois plus de témoins, vous ne pouvez parvenir à leur faire remplir leurs engagements.

« Au contraire, les Romains auxquels, comme magistrats, ou comme ambassadeurs, on confie des sommes considérables appartenant à l'État, ne donnent d'autres garanties que leur serment et s'y conforment avec la plus scrupuleuse fidélité. Parmi les autres peuples, il est rare de trouver un homme qui se fasse quelque scrupule de mettre la main sur les deniers publics : chez les Romains, au contraire, rien de plus rare que de trouver un homme qu'on puisse accuser du crime de péculat. » (Polybe, liv. VI., ch. LVI.; morceau traduit par M. Walckenaër.)

Note cinquième, chap. XX.

(*e*) Que le devoir de l'homme soit de venir en aide à son frère malheureux et que la charité soit aussi obligatoire que la justice, c'est un point incontestable. Mais voici une difficulté :

Tout devoir suppose un droit; et, en fait d'équité, mon devoir consiste à respecter le droit d'autrui, de même que le droit d'autrui est d'exiger l'accomplissement de mon devoir.

Or, quand il s'agit de la charité, du dévouement, du sacrifice, en est-il de même? le pauvre que je dois secourir a-t-il le droit d'exiger mon secours? peut-il, comme le mendiant dont parle Lesage, demander quelques réaux, l'escopette à la main?

Évidemment non. L'indigent n'a pas le droit d'exiger le moindre sacrifice. Il n'est pas un créancier, et l'aumône n'est pas une dette dont le paiement soit forcé.

Pour trouver le droit qui correspond au devoir de charité, il faut donc remonter plus haut et s'élever jusqu'à Dieu. C'est lui seul qui commande ici, parce qu'il est le souverain bien. Derrière le pauvre qui implore mon assistance, je vois notre Père commun, et je me sens obligé.

Note sixième, chap. XX.

(*f*) La philosophie n'a inspiré à l'homme que des vertus naturelles. Elle a à peine entrevu, sans les préciser, sans les consacrer, les vertus sublimes dont le christianisme nous recommande la pratique. Ouvrez les livres de la sagesse antique, et vous y trouverez le développement de la loi négative, si je puis parler ainsi, qui ordonne de ne pas faire de mal à autrui. Et encore cette loi n'est-elle pas toujours bien interprétée.

Socrate lui-même et son éloquent disciple n'ont qu'un vague sentiment de la liberté individuelle et de l'égalité morale des hommes. Ils ne protestent point contre l'esclavage : c'est pour eux un fait naturel et légitime.

La partie la plus admirable de la charité échappe aux anciens, je veux parler du pardon des injures et de l'amour des ennemis. Je trouve dans le poëte-philosophe de la Grèce l'apologie la plus formelle de la vengeance. L'Hécube d'Euripide savoure les joies du ressentiment satisfait, et ses femmes, et le chœur, ce représentant de l'opinion, applaudissent à la plus tragique des représailles.

Si le Stoïcien reste indifférent, ce n'est point par charité, c'est qu'il veut demeurer libre, c'est que la vengeance est une passion qui le troublerait dans son superbe égoïsme.

Note septième, chap. XXI.

(*g*) Ceux qui demandent le partage des biens ne souhaitent, qu'ils le sachent ou qu'ils l'ignorent, que l'égalité dans la misère. Je laisse de côté ce qu'il y a d'injuste et d'impraticable dans la proposition ; je ne songe pas que, grâce aux passions et aux inégalités naturelles, il y aurait bientôt de nouveaux riches et de nouveaux pauvres ; je n'envisage l'expédient qu'au point de vue des résultats, et je laisse parler les chiffres.

Supposons que les revenus de la terre en France s'élèvent à quatre milliards (ne parlons pas des autres revenus qu'il serait impossible de partager, car le capital, œuvres intellectuelles ou argent, échappe au recensement), et divisons cette somme entre les quarante millions d'habitants de la France, nous avons 100 fr. de rente par individu ; moins de 28 centimes par jour, c'est-à-dire une misère plus générale et plus profonde.

Note huitième, chap. XXI.

(*h*) « Le christianisme s'est tiré de toutes les épreuves. On dit que la persécution est un vent qui nourrit et propage la flamme du fanatisme. Soit : Dioclétien favorisa le christianisme ; mais, dans cette supposition, Constantin devait l'étouffer, et c'est ce qui n'est pas arrivé. Il a résisté à tout, à la paix, à la guerre, aux échafauds, aux triomphes, aux poignards, aux délices, à l'orgueil, à l'humiliation, à la pauvreté, à l'opulence, à la nuit du moyen âge et au grand jour de Léon X et de Louis XIV.

« Un empereur tout-puissant, et maître de la plus grande partie du monde connu, épuisa jadis contre lui toutes les ressources de son génie ; il n'oublia rien pour relever les dogmes anciens ; il les associa habilement aux idées platoniques qui étaient à la mode. Cachant la rage qui l'animait sous le masque d'une tolérance purement extérieure, il employa contre le culte ennemi des armes auxquelles nul ouvrage humain n'a résisté ; il le livra au ridicule : il appauvrit le sacerdoce pour le faire mépriser ; il le priva de tous les appuis que l'homme peut donner à ses œuvres : diffamation, cabales, injustice, oppression, ridicule, force et adresse, tout fut inutile ; le Galiléen l'emporta sur Julien le philosophe. » (De Maistre, *Considérations sur la France.*)

Note neuvième, chap. XXII.

(*i*) Le christianisme a changé le monde. Cependant son triomphe n'a été complet, son sublime enseignement n'a porté tous ses fruits qu'après avoir touché et obtenu pour auxiliaires les pouvoirs établis, les institutions et les mœurs.

Constantin se convertit et se déclare le protecteur de la nouvelle doctrine : le paganisme, répudié par le chef de l'État, disparaît successivement de la législation, de la philosophie et de la morale publique. Un jour, le grand Théodose est obligé de courber la tête devant saint Ambroise qui lui reproche d'avoir tenu la conduite d'un payen.

FIN.

TABLE DES MATIÈRES.

FIN DE LA TABLE.

Tours, Imp. de J. Bouserez, rue de l'Intendance, 13..

www.ingramcontent.com/pod-product-compliance
Ingram Content Group UK Ltd.
Pitfield, Milton Keynes, MK11 3LW, UK
UKHW020606180726
13838UKWH00001B/453

9 782329 334233